春风渡

董贻正　薛传钊　著

我的大学
1948—1953

西南财经大学出版社
Southwestern University of Finance & Economics Press

目录

一路向北

学于天地间

一路向北

董贻正

我于1931年12月出生于上海，祖籍浙江宁波。

我父亲23岁时，就任董洪茂颜料号代经理，直到32岁。董洪茂的老板是我堂伯父。我父亲27岁那年，经朋友介绍，兼任美商恒信洋行的染料销售员。

我父亲工作过的恒信洋行是美国杜邦化工垄断集团开设的。恒信洋行的业务之一也是染料。他的主要精力还是放在董洪茂颜料号。就是在这家颜料号的试验间，试制成功了硫化元青染料。在我印象里，董洪茂只不过是一个做染料买卖的商店，但想不到它居然还有一个试验间，而且还居然试制成功硫化元青染料。这件事究竟同我父亲有什么关系，我只是从公家在父亲的悼词中看出了一些端倪："董先生年轻时即具创新精神。1922年在董洪茂颜料店的试验间试验制作成功染料硫化元青成功。"这件事确实有些出乎我的意料。不过，也可以看到当时民营企业的活力。

直到1932年，我父亲才同几位亲朋好友合资，“创办了中国最早的染料企业之一——大中染料厂”，所生产的硫化元青染料，被国民政府有关部门批准为首创国产染料，免税通行全国，从此改写了硫化元青全部依靠进口的历史。在大中厂，他任常务董事兼营业主任。后来我父亲又投资开设了信中染料行和中一染料厂，生产硫化元毛皮染料、酸性金黄及偶氮染料等产品，他出任经理。在上述的悼词中，称他为民族染料工业的“开创者和奠基的老前辈”。1937年，抗日战争爆发，由于大中染料厂不在租界，因此被日军所占，日方强迫我父亲与日商“合作”。我父亲因为笃信儒家教义，“威武不能屈”的原则已成为他的信条，自然托词拒绝。日军恼羞成怒，派出警卫队搜查他的办公室，虽一无所获，但仍借故将他拘押于日军江湾司令部，10天后始获释放，而大中染料厂则未归还。

从我出生开始，一直到上大学之前，都生活在上海的租界里。

1936年8月上小学，当时在上海，凡是经济条件稍好一些的家庭的孩子上学都比较早。我上学较早，不到5周岁就进了小学，我哥哥也一样。现在有种说法，小孩上学太早了，不利于他们健康成长。从我们兄弟的经历看，这一说法似乎没有足够的科学依据。我从小学到大学，在班上都是年龄最小的学生之一。

而且，那时候的租界里，对于学生的入学年龄似乎也没什么限制。我上的是大沽路振西小学，学校离家很近，大约1里多的路程。1942年抗日战争进入僵持阶段。我个人也面临一个大问题的选择：小学毕业了，到底上哪所中学？

当时上海最有名的是南洋模范中学（简称南模）和上海中学。上海中学原址不在租界，日寇入侵后，已经停办。南模创建于1901年，是中国人自己创办的最早的新式学堂之一。他们培育出许多杰出人才，邹韬奋就是其中之一。新中国成立后的两院院士南模毕业的就有37人，包括物理学家、哲学家何祚庥，氢弹、原子弹功臣唐孝威，计算机专家、汉字激光照排系统创始人王选，以及水利专家张光斗等。

最终，两个都不是很合心意。有一天，我走过福煦路（现名延安中路），看到致远中学招生广告中说：考试成绩前三名的学生可以免学杂费。我觉得可能不错，于是就报了名。不记得有什么入学考试，可能是凭小学成绩单就入学了。

中学是人生一个很重要的阶段，尤其在那种特殊的历史和社会环境下，环境在一定程度上造就了人。

由于不满意国民党政府的腐败，我逐渐接触了进步思想，平时言论中也有所流露。当然这使校长和教导主任很不满意。那个学期的“公民”课，就是以蒋介石的《中国之命运》为主要内容，这是1943年由陶希圣根据蒋介石授意写成的。那时，国共两党虽然交恶已久，但一些进步书刊仍可以公开发行，我还在“生活书店”（邹韬奋创办，今“三联书店”前身）买到过香港出版的有地下党背景的《华商报》，上面经常刊登内地封锁的消息，至于通过地下党流传的书刊，也不胜枚举。我就看到过陈伯达所写的《评〈中国之命运〉》。那个学期，“公民”课的大考，要求写一篇《中国之命运》的读后感，我就把陈伯达的观点写了进去。现在记不得当时写了什么，但肯定是对“蒋委员长”大不敬的话，这当然是被认为大逆不道的举动，于是我从一个历届都是“品学兼优”，一贯都是校长、教导主任心目中的好学生，一下子就成为“赤化分子”了，“操行”降为“乙等”。就是在这种氛围中，我离开了待了3年半的致远中学。

离开了致远，我考上了沪新中学。沪新中学实际上是上海中学的替身。上海中学停办后，该校的很多老师都转到了沪新。在沪新，学期尚未过半，我却因病休学，一则身体不好，二则突然产生一种厌学情绪，觉得学校教育没意思，就借口身体不好休学了。本想索性通过自学后，以同等学力考大学。直到新学年开学时，我才决定还是上学为好。这时，很多学校已经开学。我在霞飞路（淮海中路）看到晓光中学，晓光中学是经教育部特准立案的学校，觉得能同教育部挂上钩，说明该学校还是有一定水平的。于是，我就在1946年9月报名入学，学校已经上课了，教室座位都已排好，最后一排还有一个空座，我刚好补这个缺。

晓光中学是一所党派色彩比较浓的学校。这从该学校两位主要领导的身份就可以看出。他们对进步学生运动采取压制政策。据比我早一年入学的老同学讲，1946年蒋介石60大寿时，教导主任用了整整一节课，大讲特讲蒋介石的“丰功伟绩”，平日还在课堂上推荐一些反共反苏的小说和书籍，还公开号召同学们去参加反苏游行。他们对进步学生运动采取压制政策，学生要参加“反内战、反饥饿”等反对国民党的游行时，则紧闭校门、不让出入。我去前，已经开除或逼退几名进步学生。

但晓光中学也是地下党力量比较强的学校，而且集中在我们班上，我入校时有3位，我们毕业前又发展2位，一个不到50人的班级，居然有5位地下党员，比例超过10%。对比清华在新中国成立后，地下党员公开时不到200人，就师生员工的比例而言，我们晓光中学这个班不比清华低。在地下党支部领导下，我们班形成了一支学生运动的积极分子队伍。应该说，在晓光求学的两年（1946年9月—1948年8月）是我人生的一个转折点。在晓光，我不仅停留于接触进步思想，而且参加了反抗国民党统治的实际行动。但校方的高压，也在我思想上产生了影响。在斗争激烈时，我也曾有过动摇。最后在陆剑初等党员劝说下，我还是参与了这些活动的领导工作。对像我这样出身的人，不革命，生活照样可以过得很好，前面就是一条大学——出国留学的道路。但在国民党的统治下，贪污腐败成风，民生凋敝，个人又会有什么出路？作为有正义感的青年学子，迟早是会走上革命道路的。

我们当年考大学

新中国成立前考大学招生不是全国统一的，而是各校单独或数校联合招生，考试时间错开，据说一个暑假最多可以报考7所学校。录取名单都在报上公布，常会看到一些重复的名字，那就是被多所学校都录取的优秀生，这种考试和现在很多美国大学的考试制度相似。如果一个学生被多所大学录取，那么自然会有亲朋好友出谋划策，甚至也有一些已经考进大学的学长建议考生选择某个学校，感觉就像是生源的争夺战，学生有权选择自己想上的那一所；同时，各高校为解决录取后学生不能全部报到的问题，各校都有备取生，以备递补。

当时，我报考了3所大学。

一所是上海交大。上海交大不仅在上海是数一数二的，而且在全国工科院校中也是名列前茅的。1956年国务院决定上海交大搬迁到西安，于是就有上海交大和西安交大之分了。

另一所是南京的中央大学。对中央大学，其实我是不感兴趣的。因为我觉得这是党派性特强的学校，蒋介石就曾一度兼任该校校长。

我早就向往清华的学术风气和“民主堡垒”的自由民主精神，我的第一目标就是清华。清华是同北大、南开联合招生的，大约因为这是西南联大的老班底，但只报清华，未免显得孤注一掷，因此我还报考了上海的交大和南京的中央大学。

报考中央大学，是有些出于礼节。因为有位高我一个年级的晓光校友，他上年考上了中央大学，他力劝我报考。但从我内心来说，这三所学校中，我最不愿意去的是中央大学。因为觉得中央大学是南京国民党的根据地，党化教育思想太重。据说这次入学考试题中有一道地理选择题就是测试你的“赤化”程度的：苏联国土面积占世界陆地总面积的比例是多少？选项有1/6、1/16等。凡是答对的，就有“亲共”的嫌疑。我这道题恰恰答错了，选了1/16。

至于报考哪个系？我都填写电机系。其实，我对化工还较感兴趣，但由于我父亲的行业是属于化工的，因此，为表示自己不愿继承家业，坚决不报化工系，也是背叛家庭的一种表现吧。为什么选择电机系？当时因为听说清华、上海交大的电机系最强，也最难考。难，我就偏要考，结果这三所学校都考上了，更有些志得意满。后来的事实证明，这是一种非理智的选择。

马桶上听到被清华录取的消息

我是在家里我房间的马桶上听到自己被清华录取的消息的。那时上海很少有人家里用抽水马桶，所以在旧一些的小说里，媒人说亲，讲述一个人的家庭条件就会说“伊屋里有抽水马桶的”，抽水马桶成为一种财富和社会富有阶层的象征。有抽水马桶的房子主要集中在租界里，但是并不代表租界里的每个家庭都有抽水马桶，我们家在英租界成都路，就没有抽水马桶。

没有抽水马桶怎样解决这一项“人生大事”？这就凸显了旧时候的“马桶”文化了。马桶在过去是一项很重要的生活用品，在很多地方，女儿出嫁时的陪嫁中有一项就是马桶，还要求用红漆漆好。一般的家庭里的马桶可以是用木头做的，当然木头也会分三六九等，柳木、松木和红木也各不相同，条件好的或者讲究的人家，则有漆器的马桶，甚至铜马桶、金马桶。前些年有一些报纸上会说到“黄金浴室”“黄金马桶”之类的新闻，感觉是这种马桶文化的遗风。我爸妈在楼上用的马桶就是用红木做的，我房间的马桶就简单些。

一般都是在房间里放一个马桶，现在好像有些不可思议。不过，那个时候是很正常的一项生活内容。一直到20世纪80年代，在南方一些城镇的生活镜头里，仍旧有早上到河边刷马桶的生活场景。

我小的时候，每天清晨天不亮，弄堂里就响起了叫唤倒马桶的声音，家家户户提着马桶出去，倒在粪车上，再用水洗刷马桶后提回来，这也算是旧上海一道颇有特色的风景线吧。

那天，我正坐在马桶上解手，听到爸爸叫我，说是清华发榜了，我考上了。

我并没感到特别兴奋，多少有些“早就料到”的意思。请他把报纸给我，在电机系一栏里，找到了我的名字。过几天，上海交大、中央大学也先后发榜了，都有我的名字，后来正式的录取通知书也寄来了。父亲还托人去上海交大打听我的分数，说是360多分，当时算是高分了。

一路向北

从上海到北京，那时最便捷的路线自然是走津浦线。当时全国仅有几条铁路主干线，南北的是津浦线、京汉线，东西的是陇海线。但是，当时的津浦线并没有解决“横跨长江”的问题。所以，从上海乘坐火车，到南京下关，整列火车要上轮渡，火车解体成三截，过江后再还原。1948年，国共战争激烈，津浦线被切断，无法通行，从上海到北京只能先坐船到天津，再乘火车到北京。这些事都由高年级返沪同学组织的“北上同学会”来操办。从上海到天津，只有两艘快轮：一艘是我们乘坐的“锡麟号”；

另一艘是“秋瑾号”，这是纪念反清志士徐锡麟、秋瑾的。两人都是绍兴人，徐锡麟在刺杀安徽巡抚恩铭后，被凌迟处死，时年35岁；秋瑾被砍头，时年31岁。但在“文化大革命”中，这样的“反清烈士”竟被视为“牛鬼蛇神”而被挖坟弃尸。“文化大革命”后，在西子湖边重建秋瑾墓，并以汉白玉塑造秋瑾像，并镌刻有孙中山的题词“巾帼英雄”。

虽说是快轮，但全程也要48小时，我们学生都是买的通铺，没有床位，就是在甲板或过道上打地铺。老同学早告诉我们，说是过黑水洋时，风浪特大，很多人都会扛不住而呕吐的。所谓黑水洋，就是黄海北边的那部分。黄海由南向北，因其含沙量及海水深浅的不同，分呈黄、绿、蓝等不同颜色，黑水洋在黄海北部，海水较深，水呈蓝色。果不其然，到了黑水洋，我们很多同学都吐了。

到天津后，我就住在南开大学。南开是老教育家张伯苓于1919年创办的，抗战时同北大、清华一起组成西南联大，张伯苓和蒋梦麟、梅贻琦是西南联大3位常委。张伯苓是周恩来的老师。抗战时，张伯苓站在中间立场，1948年还曾担任国民党的考试院院长，为毛泽东所不满。新中国成立时，蒋梦麟、梅贻琦都离开了大陆，但张伯苓留在了大陆。但南开校庆时，竟拒绝这位创办人回校，可以想象老人当时的心境，也可以看出当事人的胸怀。他1951年 2 月23日病逝于天津，周恩来同志立即赶到天津张宅吊唁，向校长遗体行礼默哀，慰问了张师母，表示自己很遗憾没能早点来，又说道：“看一个人应当依据他的历史背景和条件，万不可用现在的标准去评论过去的人。张校长在他的一生中是进步的、爱国的，他办教育是有成绩的，有功于人民的。”

那时不像现在的大学，不仅有招待所，还有星级宾馆。学生上学，没听说过还要家长陪同护送的。我们到了南开大学，按照指定的教室，把课桌拼起来当床，打开自带的铺盖，睡了一夜，第二天坐火车去北京。

当时解放战争战场局势已经很明朗了，其实早在1947年3~5月孟良崮战役后，战场的形势就已经改变了。是役，国民党组成3个兵团共约45万人，向山东解放区发起进攻，结果被全歼，全副美械装备、号称国民党五大主力之一的74师师长张灵甫被击毙。到了1948年夏，国民党在各个战场都是节节败退，津浦线的一些城市也被人民解放军攻克。但是不知道国民党是真不知道实际情况还是故意自欺欺人，在国统区总是宣传国军取得了哪一个战役的胜利，战场的宣传上也有很多这种自己都不知道信不信的宣传方式。铁路两侧，见到不少“华北剿总”刷的标语，真是杀气腾腾，什么“杀朱拔毛斩贺龙”，什么“打到石家庄，活捉聂荣臻”，火药味特浓。从表面看，似乎士气高昂，实际上只不过是掩盖自己的心虚。几个月后，三大战役打响，国民党一退再退，最终退到台湾这个孤岛上去了。

来到北京，来到清华园

现在的北京有很多火车站——南站、西站、北站、东站，每个火车站都很大，而且人满为患。其实，新中国成立前，北京的火车站主要是前门火车站，还有建于1906年的西直门火车站，清华园也有一个车站，入口处的匾额还是张天佑于宣统二年题写的。

我们的火车到了北京，在前门车站下车。前门火车站始建于1901年，当年的全称为“京奉铁路正阳门东车站”，已有近半个世纪的历史了。它曾见证了中国历史上的一些重大事件，如1905年的“刺杀五大臣”事件。是年9月24日，辅国公载泽、兵部侍郎徐世昌等5人奉命出洋考察，革命志士吴樾携炸药混入车站，炸伤数人，以致这个考察团被推迟出访。1924年10月，冯玉祥发动“北京政变”，推翻曹锟政府，就是在这里安营扎寨的。1931年九一八事变后，500名北平学生组成的“南下救国示威团”也是从这里出发的。1959年，新的北京站落成投入使用，前门火车站结束了历史使命，后来改为铁路工人俱乐部。20世纪末由香港鹏利集团开发，在原址处修建了老车站商城。

现在看来，前门火车站规模跟现代化的火车站简直没法比，但是那个时候，火车站就算是很巍峨的建筑了。到了北京站，就有清华校车来接，一路还是很顺利的。

那时候的北京可不像现在这么热闹。校车经过处，行人不多，车辆更少。出了车站，就见到正阳门，高高的城楼，煞是雄伟；经过天安门，里面就是四朝古都皇帝陛下的宫殿，使人肃然起敬。金水桥前一排排树木，从根部到离地面一米处都刷有石灰，煞是整齐，这在上海也是没见过的。途径东四牌楼、西四牌楼，这是明朝的建筑。三间四柱三楼式的木牌楼，矗立在路中央，倒是够气派，好在那时车马稀少，也妨碍不了交通。不过，也注定了他在新中国的首都寿命不可能太长，1954年12月终于被拆除了，东四牌楼等名称也简化为“东四”“西四”了。经过中南海、北海，说是傅作义就在这里办公，霎时联想到天津过来沿途“华北剿总”司令部的那个不靠谱的标语，心想不知这位司令心中是怎样想的？但看到好大一片水面，顿时有心旷神怡之感，毕竟在一个大城市能有这样一池清水，也是难得的事情。车过西直门，看到这高大巍峨的城楼，想起学生运动时，清华学生进城这里是必经之路。“一二·九”运动时，当权者命令紧闭城门，清华一位女学生就是从城门下面的缝隙钻了进来，才打开了城门。出了西直门，就是现在的二环路以外都算是野外了，清华大学在现在的四环路往外，就是荒郊外的荒郊了。一路过来，没有其他学校，当时的清华大学在海淀镇上，那里除了清华，还有燕京（现在北大的校址就是昔日的燕京）。1952年后，才有八大学院。

进入清华西校门，还有很长的一段路，才见到题有“清华园”三个字的汉白玉牌坊式的大门，庄严大气，这就是清华的二校门了，顿有一种柳暗花明之感。越过大草坪，就是向往已久的半球形铜屋顶的大礼堂。清华园，终于投进你的怀抱了！

1949年的清华

我们到清华那天是9月17日，正好是中秋节，晚上在大操场举行“中秋月光晚会”，这还不算是迎新活动。9月30日，正式举行迎新晚会，由“大家唱”“民舞社”等同学们自己组成的社团表演歌舞节目，气氛热烈，很快使我们这些新生融入进去了。

清华大学的活动还相对“文明”一些，隔壁不远的燕京大学则就“野蛮”了，我哥哥贻中也是那年从上海大同大学转学到燕京大学。燕京迎新有所谓“拖尸”的迎新方式，就是高年级学生可以在那一天，见到新生，就由几个人合抬，把他抛入未名湖，不知道这种恶作剧的来源，也许是教会学校的一种仪式。好在清华从来没有这种做法，何况清华也没有未名湖，不然我这样的旱鸭子不知道自己能不能从水里爬出来。

来清华之前，就知道清华是清政府用美国退还中国的部分“庚子赔款”建立的，但具体情况则不甚清楚。后来才知道，这是美国罗斯福总统建议、1908年美国国会正式通过了退还“美国应得赔款之余额”给中国的法案，并强调：所退款项只能用于振兴教育，培养赴美留学生，不能移作他用。为此，清政府设立了游美学务处，负责选派游美学生和筹建游美肄业馆，1911年2月，迁入北京西北郊的清华园，并定名为“清华学堂”。现在大礼堂东南侧的三层楼建筑大门上方就镌刻着“清华学堂”四个字，我们办理注册、选课的教务处就在这里。当年4月29日正式开学，这一日子就成为清华的校庆日。但考虑到校友返校的方便，后来，学校把每年4月的最后一个星期日定为校庆日，延续至今。1912年10月，学堂改名清华学校，但办学宗旨、学制和课程设置无大的变动，仍是一所留美预备学校。最早赴美留学的头三批学生都只有几十人，胡适、赵元任、梅贻琦、竺可桢等名列其中。设立大学部是1925年的事了，到1928年更名为“国立清华大学”，1933年开始招考留美公费生。由此可见，清华同美国的渊源之深。清华很多教授都是欧美特别是美国留学的。新中国成立后，批判“亲美、恐美、崇美”思想就成为清华知识分子思想改造运动中的题中应有之义了。

但是，在我脑海中，清华是一个学术根基深厚、学术氛围浓厚的高等学府，20世纪20年代出过国学研究院的“四大导师”王国维、梁启超、陈寅恪、赵元任。梁启超自不用说，他1914年在清华的一场题为“君子”的演讲中所阐述的《易经》的一句话，已浓缩成“自强不息，厚德载物”八个大字，成为清华的校训；对王国维和陈寅恪，当时虽然都不大了解其学术上的成就，但以后看到王国维的“读书三境界”，陈寅恪倡导并践行的“独立之精神，自由之思想”，确有振聋发聩之感；但这样的思想不能见容于当时的社会，在“文化大革命”中备受折磨，不幸于1969年10月含恨逝世；至于赵元任，我第一次知道他的大名是《叫我如何不想他》这首名歌的谱曲者，以后又有缘和他的两位女婿相识。一位是中南矿冶学院的副院长黄培云教授，那时我在冶金部教育司工作，多次去该院调查研究，同他有过多次深谈；另一位是任先生（大名忘了）。1980年我出访美国时，在华盛顿和纽约地区，会见美国能源部等和有关金融机构时，都是经他联系的。清华成为大学后，历届校长特别是梅贻琦掌校17年来，在文、法、理、工、农五大学院，都延聘了不少海内外知名学者。我虽是工学院的学生，但对理学院、文法学院的教授还是耳熟能详。因为他们的名声早在我来清华前，就已如雷贯耳了。这里有冯友兰、张奚若、潘光旦、金岳霖、陈岱孙、吴晗、叶企孙、周培源、钱三强、王大珩、王竹溪……1952年院系调整，清华成了一所工科大学，文法学院和理学院大部分并入北大，或和其他学校的有关院系合并成立独立的专业学院、像北京财经学院、北京政法学院的很多老师都来自清华的经济系、政治系；甚至工学院的一些系也成了新建的一批工业学院的班底，譬如钢铁学院的筹备处当时就设在清华，航空系就是北京航空学院的底子，地质系自然也成了北京地质学院的重要力量。

同时，清华还是一个以追求真理、正义、民主、自由为圭臬的民主堡垒。在西南联大，就有抗议国民党政府专制独裁、镇压学生而在大会上公开喊出“前脚跨出大门，后脚就不准备再跨进大门”，终于被特务杀害的闻一多；有宁愿受贫挨饿，也不吃美国救济粮的朱自清；也听说过，清华很多教授为了保护学生不受军警特务抓捕，冒着风险把学生藏匿在自己家里。现在到了清华，怎能不去瞻仰这些前辈的踪迹呢。

于是，在安顿下来之后，我就骑着小舅舅帮我装配的自行车，在天高气爽的秋日里，在清华校园里转了又转，太阳已经不热了，带着北方特有的甘洌而温暖的气息，空气中有树叶子清香的味道——可以说那是最好的年华，遇到的最好的风景。在北京碧蓝的蓝天下的校园，既静谧又庄重，我对清华有由衷的向往，也有发自内心油然的信赖和期待。逛清华、感受清华、了解清华似乎是一种倾诉方式，是一种情感融合的路径。我经过了闻亭，那是为纪念闻一多先生把报时的钟亭重新命名的，每当校工按时敲响大钟时，就好像闻一多在嘱咐我们要为真理而奋斗；到了水木清华、工字厅附近的荷塘，通过朱自清的名篇《荷塘月色》，也成为清华的一个象征，冬天我还曾在那里学溜冰，可惜同游泳一样，没有学会。

当然，更多的还是怀着敬畏的心情，拜谒清华的三大标志性建筑和各个系馆，这是今后在清华四年中将与之朝夕相处的地方。

清华三大著名建筑是：大礼堂、图书馆、体育馆。大礼堂屋顶是半球形的铜顶，极有特色，室内礼堂上方有一牌匾，上书“与国同寿”，因为清华是1911年建设的，和“中华民国”是同龄；当然，这块匾额在新中国成立后不久就给撤下来了。但在日本占领期间，这样一个既典雅又华贵的大礼堂，日军却拿来作养马场！八字形的图书馆当然是我们这些学生的最爱。二楼阅览室，两翼一边是西文部、一边是中文部。阅览室两边排着两行长桌，从门口望去，似乎深不见底，桌子两边都是圈椅，一边5人。两侧墙前的书架，摆满了各种原版书和工具书，这真是读书人的天堂。据说书库是用钢化玻璃做的，防虫，这在当时还是极少有的；一楼有报刊阅览室。除了大图书馆外，各系馆还都有专业的图书馆。能够在这样的场所学习，简直是人生的一大享受。体育馆在大操场的西面，两层楼的建筑。楼下有篮球场，楼上有300米的跑道，还有室内游泳池，新中国成立初期，毛泽东还来此游泳过。

清华当时有5个学院26个系。大约是因为理工学院需要配备实验室，因此基本上是一个系一个馆。如：理学院有科学馆（物理）、化学馆、生物馆（生物系、心理系共用）、气象台；工学院有机械馆、土木馆、水利馆、电机馆等。文法学院没有独立的建筑，可能在同方部和水木清华吧，但图书馆的藏书就是他们宝贵的财富。校部办公室当时都不太关心，记得办理注册手续的教务处是在同方部。农学院则在清华园外，就是现在中央党校的地方。学生上课按不同课程在不同系馆，如上物理课就在科学馆，上化学课就在化学馆；二年级上电工原理课自然就在电机馆，上机械原理课和金工实习课则在机械馆。所以，两堂课之间就会看到一群学生急匆匆地赶路，有自行车就显出优越性来了。

1948年，清华录取新生400多人，全校4个年级，研究生很少，总数不会超过2 000人。男生宿舍有4栋楼，由西到东为善斋、平斋、明斋、新斋，一般是新生住善斋，按上述顺序依次递升，四年级住新斋。但我们在平斋住了两年，没住过明斋。后来，参观息烽集中营，看到监狱里也有平斋，我还特地在平斋前留了影。宿舍4人一间，双层铺，每人都有一个小书桌，到4年级时，改成3人一间；行李可放在衣柜里或床下。女生宿舍在体育馆的南面，只有一所静斋。女生宿舍是封闭的，男生不能入内。如要探访，宿舍管理人员在下面喊被访女生的名字。

我将有关清华的记忆说给年轻一代的朋友听时，好多80后都很惊诧地说：哎呀，比我们上大学的时候条件都好！清华在新中国成立前的设施和待遇确实不逊色于20世纪80年代之后的很多大学。但毕竟那时的学生要比现在少多了。

吃饭都在大食堂。我们进校时，有两个膳团，都是学生自行管理的。主要是主食不同，一个是以馒头为主食，叫新新膳团；另一个则是以米饭为主食。每桌8人，固定的。

按道理来说，北方的同学吃面食较多，应该选择“馒头团”，而南方的同学主要吃米饭，应该选择“米饭团”。但是，作为一个从小就吃米饭的南方人，我选择了“馒头团”。

为什么我这个南方人会去吃馒头呢？因为我怕遇到我都不吃的菜，可以拿起馒头，到食堂旁边小卖部买些熟食什么的，糊弄过去；而米饭没菜，我就不行。事实上极少碰到这种情况，因为每餐4个菜，总有一两个能吃的。至于汤，用大桶盛着，放在中间，自取。据说这种“免费汤”现在很多食堂里仍旧保留，80后的年轻人回忆起来总会戏谑地称之为“刷锅水”，但我们那个时候似乎没有这种感觉。

除了米饭团、馒头团之外，清华当年还有体育膳团，只有体育社团的成员能够参加。对患肺结核等的病号，单独有营养膳团。这些膳团都是由学生管理，账目公开。我们班的邹慎修就多次担任膳团的管理者。在学生宿舍新斋东面，还有“双合成”小饭店，有朋友来，或自己想改善生活，可以在此“打牙祭”。那时，我哥哥在燕京，他来看望我时，我们就在这里就餐；我去燕京时，则在成府小街上的小饭店用餐。

国府末日

在清华食堂门前有一条通道，和明斋的一道门相连，两边都是木制的布告栏，这就是有名的“民主墙”。平时，学生会的布告，个人失物招领，征购或交换物品、书籍，勤工俭学等小布告也都贴在这里。之所以被称为“民主墙”，是因为凡有重大政治性事件，在这里都可以及时看到被国民党封锁的消息，以及群众的呼声。

那时，还没有电视，学生们也很少有收音机，图书馆虽然有各种报纸，但也不是人人都会去看的；而大食堂，每天三餐，人人都要同它打交道。辽沈战役国民党溃败、美国大选、杜鲁门击败胡佛当选总统等消息，同学们都会在这里看到大字报。

从1946年到1949年，中国经历了一个短期的剧变。到了1948年，国民党的颓势毕露。

军事上，国民党战场上在节节败退，从1948年9月开始的三大战役到1949年1月，以共产党的全面胜利而告终。接着，国民党划江而治的幻想也告破灭，1949年4月，解放军攻克了国民党的首都南京，上海也很快回到人民的怀抱中。

政治上，蒋介石操纵的“国民大会”总算召开了，副总统的“竞选”也以李宗仁的当选而告结束。那时，我在上海读高三，我坐在收音机旁边，一边做功课，一边听广播员现场直播开票情况，李宗仁、孙科、程潜三位候选人的名字交替出现，最后没有一人超过半数，改日又在得票最多的前两名中再选，李宗仁得票略多于孙科而当选副总统。接着，蒋介石又演出了“下野”一出戏，由李宗仁暂代总统，于是又有了以后的北平和谈。

经济上如同军事一样，也已处于崩溃的境地。巨额的财政赤字，恶性通货膨胀，物价飞涨，百业凋敝，民不聊生。1948年8月19日，国民党实施所谓的“经济改革”，发行金圆券，以法币三百万元折合金圆券一元，并以当日物价为准，强令冻结物价，结果是一些奸商囤积居奇，很多商品时有价无市，大部分交易转入黑市。国民党派出蒋经国到上海任经济管制督导员，那时我还在上海，看到报纸上刊登的蒋经国《告上海人民书》，其中不乏豪言壮语，如“投机家不打倒，冒险家不赶走，暴发户不消灭，上海人民是永远不得安宁的”。他还借用北宋政治家范仲淹的名言“宁使一家哭，不使一路哭”，并扬言“不惜以人头来平物价”，表明自己对豪门巨室决不留情，而且也动了真格，抓了杜月笙的儿子。以致不少上海老百姓感叹：终于来了个包青天。但就在查封孔祥熙的儿子孔令侃公司的违法物资时，在蒋介石、宋美龄的干预下，蒋经国终于败退，辞职下台，限价改成了抑价，结果物价更如脱缰之马，一路狂奔。早晚不一样。金圆券的最大面值从刚发行时的100元一张，不过9个月，到新中国成立前夕竟然到了100万元一张。

所以那时候，银行也根据实际情况在经营项目和经营方式上做了改进，比如存钱不再以“钱”作为单位存，而是以钱对应的实物来存，取的时候，取的也不是单纯的钱，而是以实物为对应的钱。我到清华时，家里给我带了一笔款，到清华后赶快存入银行的折实储蓄，就是把金圆券按照当天的某几种物品的物价折合成实物单位，取款时，同样按照这几种实物当天的物价折算，这样不至于钱币贬值得太厉害。新中国成立初期的银行储蓄，还是按照这个办法，只不过把实物定为小米。

清华的学习生活和我的老师们

清华校长梅贻琦早就说过：“大学者，非有大楼之谓也，盖有大师之谓也。”事实上，清华不仅有大楼（当然，同现在几万人规模的大清华相比，这些楼显得小了些，但即使现在，看到科学馆、化学馆等建筑，仍然会肃然起敬），但更重要的是，清华有闻名国内外的大师们。这些大师，既是学术殿堂的缔造者，也是民族堡垒的捍卫者。清华在1952年“以苏为师”，进行院系调整前，工学院固然在国内外颇有影响，但文、法、理，甚至农学院更有过之。看到清华如此学习环境，真是满心欢喜。能够在这样大师云集的学校里求知，真是一生的幸事!

但是，我这个人资质平庸，学习方法又不对头，因此面对众多大师如此丰富的知识宝藏，我却未能从中汲取充分的营养，更不能从他们智慧的脑袋中获取探索科学门径的密码。但毕竟在这种强大气场的影响下，也多少学到了为人、求知、做事的正道，使我以后在社会上能坚守底线，奋发求知，虽然没能为母校增添光彩，但也没有辜负母校的期望。

回顾在清华4年的学习生活，确实是平平而已。所以，有的同事在向初次见面的朋友介绍我时往往会说：这是清华的高才生，我会立即否认。这不是谦虚，而是实事求是。因为，进清华的，绝大多数确实都是高中学校的高才生；但出清华时，就不一定是清华的高才生了。当然，清华不乏高才生，他们善于思考，钻研问题深，总结概括能力很强。

大一课程工学院各系基本相同，有国文、英文、微积分、普通物理、画法几何、经济学概论。普通物理是理、工学院学生的必修课，学生多，分4个大班，国文、英文、微积分则都是二三十人的小班，物理课分别由王竹溪、钱三强、何成钧、孙瑞藩讲授。其中，王竹溪和钱三强都是教授。按清华的规定，所有教授都要轮流讲授基础课，他们俩也不例外。1947年钱三强回国时，已以其发现核反应三裂变的重大研究成果轰动世界科学界；王竹溪的资历更深。1971年夏，杨振宁第一次回大陆探亲访友时，曾向周恩来总理点名要求拜见的少数几个人中，就有他在西南联大做研究生时的导师王竹溪，王竹溪这才从北大在江西鲤鱼洲的五七干校回到北京。但据高年级学长介绍，他们认为讲课讲得最好的还是何成钧老师，工科的很多同学都选他的课，我也选了何老师的课。他用四川话讲课，抑扬顿挫，条理清晰。

物理课有两位助教，其中一位是陈篪，中等个儿，长个娃娃脸，说话细声细气，对学生很客气，但要求又很严格，对实验数据的处理就是从他哪儿学到的。新中国成立后他主动要求去鞍钢工作，这在当时也是一种小潮流，认为搞建设了，还是要以工为主。我们班上两位女同学也是从物理系四年级转到电机系二年级的。以后陈篪又调入钢铁研究院，任物理室主任。在他确诊为甲状腺癌症后，住院期间，还坚持看书学习，进行运算，并表示要写信给党支部："生命不息，战斗不止。"但就是这样一位好同志，被当作"白专"典型来批判。粉碎"四人帮"后，冶金部党组把他树为"冶金科技战线的铁人"。

数学课马良老师讲微积分。开学前，高年级学长就向我们介绍了一些老师的特点，总的印象是学识渊博，要求严格，特别是会对新生来个"下马威"。开学后，果真体验到了。马老师上课时经常来个10分钟的小测验，有的在讲课前，有的在课程的最后

10分钟。本来，微积分我在中学时就自学过，觉得并不难，但几堂课下来，把我“烤煳”了。好在老师们采取的方针是“考试从严，给分从宽”，有的老师按实际得分的开方乘以10，作为正式成绩，这样算来就是36分算及格，也算是放我们一马。

画法几何由褚士荃老师主讲。他是清华的训导长。在我印象里，训导长都是国民党的党团骨干，是镇压学生运动的帮手。但褚老师是慈眉祥目的，听说他还帮助黑名单上的学生逃离清华。但这门课一般安排在下午第一节，那时有些发困，但主要是自己对三维图像概念差，因此，这门课也没学好。

好像也是在一年级，有一门金工实习，由机械系强明伦教授主讲。该实习课要求要亲自动手把一块粗钢加工成长方形的钢块，四周要挫得有棱有角。这又暴露出我的动手能力差的弱点。至于车床等机器设备，也只是大概知其操作方法而已。

一年级下学期已是新中国成立后的新清华了，课程也多少有些变动。原本要上的普通化学和工程测量课，电机系的学生就免修了。英文课，凡是考试合格的也免修了。

进入二年级，有两门重点课程：一是电工原理，二是材料力学。前者是电机系的专业基础课，这才开始同电机系接触了。清华电机系是1932年秋创立的，第一任系主任由工学院院长、美国麻省理工学院第一个中国博士顾毓琇教授兼任。电机系的办学宗旨、课程设置、教学方法甚至教材选择，都采用美国麻省理工学院电机工程系的模式。早在上海读高中时，我就久仰MIT（麻省理工学院英语的缩写）的大名，有“世界理工大学之最”的称号，有众多的诺贝尔奖获得者（至2009年，先后有78位诺贝尔奖得主曾在麻省理工学院学习或工作），在我的心目中MIT甚至超过了哈佛、耶鲁。而在MIT的众多专业中，尤其以电子工程系名声最响。现在，在众多大学排名榜里，麻省理工学院均位列世界前五位。

教“电工原理”的是孙绍先教授。新中国成立前这些课程都是英文讲课，原版教材；可是到了二年级就是新中国成立后了，在新时期，在“一边倒”的思想指导下，要肃清“亲美、恐美、崇美”思想，教授们都是用中文讲课，“电工原理”当然不能例外，也是自编中文讲义了。孙绍先是东北人，1945年获麻省理工学院硕士学位。他讲课语速较快，对所讲内容烂熟于心，十分重视概念的理解。但在“文化大革命”中，他被诬陷为美国特务，曾两次自杀未遂。有意思的是，他的儿子孙立哲却被毛泽东亲自圈定为5名知青先进典型之一。孙立哲“文化大革命”中从清华附中到延安插队，成了赤脚医生，自学成才，在农村做了上千例手术，治愈了不少乡亲的病。1983年，他获得美国西北大学博士学位。

这门课配了4名助教，足见其重要性。他们平时对学生进行辅导、答疑、指导实验。考前帮助同学进行复习，对同学很关心，也很有耐心。四位助教都不是泛泛之辈，他们后来都是教授。其中王先冲当时已是讲师，是中国第一批博士研究生导师之一，还有一位吴佑寿，他们两人后来都是中国工程院院士；另一位南德恒，我们给他起的外号叫“难得很”；金兰，同学们也是取其谐音，取外号“真难”。从中也可看出同学们对这门课程的敬畏之情。三位老师也回校参加庆典，竟然还能叫得出很多同学的名字。

遗憾的是，这门课我没学好，学期末了的考试，我居然成为极少数几个不及格的人员之一。虽然同学们没有任何轻视之意，但这毕竟是我第一次在学习上遭遇滑铁卢，当时的心情可想而知。这年暑假，我没有回家，我把这事写信告诉了父亲。从上学以来，父亲从来不过问我的学习成绩，我也从来没有给他看过成绩单。这次我把成绩告诉了他之后，他回信毫无责备之意，只是要我总结学习方法，加以改进而已。

这次滑铁卢对我的影响还是很大的。过去中学那一套学习方法，主要是靠死记硬背，靠多做习题，对基本概念缺乏深刻理解，不能把各种观念融会贯通。而有的同学，老师讲完一章，就把这章内容归纳成一张图表，各种概念之间的联系说得一清二楚。于是第二年重修时，也朝这个方向努力，这次得了80多分，多少有了些进步。

二年级的另一重头课是材料力学，有两个班，分别由钱伟长和张维教授讲授。一般机械系的都安排在钱伟长的班上，非机械系的则是由张维教授讲授。钱伟长是无锡人，个儿不高，戴副眼镜，言谈温雅，风流倜傥。虽然不担任我们的课程，但他的名气很大。他是有“火箭之父”美称的美籍犹太人冯·卡门教授的弟子。1937年他考入清华时，国文和历史都是100分，而数学则是接近零分。九一八事变后，他决心弃文学工，经过一番严格的考核，终于转系成功，最终成为世界著名的科学家。张维教授是柏林工业大学的博士。他不仅讲课讲得好，而且关心同学的全面发展。虽然他是机械系的教授，但是唯一在春假带领我们电机系学生外出郊游的老师，记得地点是在黑龙潭，现在我们同学中还保存有郊游时的照片。他的夫人陆士嘉是航空系的教授，也是留德的博士，他们是在德国留学时结为伉俪的。他们夫妇都是中国科学院第一批院士。

三年级开始分组了。那时没有专业之分，电机系下分三个组：电机制造、发电、电讯。我选择了发电。三个组的课程不尽相同了。发电组的，本系的课程有章明涛教授的“交流电机”、钟士模教授的“电机原理”、杨津基教授的“高压工程”、黄眉的“输配电工程”，还有范崇武、唐统一教授等的课程。外系课有刘仙洲的“机械原理”、庄前鼎的“热力学”、张光斗的“水力发电”，都是这方面的权威。此后的课程，就不那么吃力了，分数也上去了。

章明涛是电机系系主任，也是浙江鄞县人，和我该是小同乡吧。1929年22岁时，他在英国获得硕士学位。1932年清华电机系成立时，25岁的他就被聘任为教授。新中国成立后，他当选为第一批中国科学院学部委员。1992年，朱镕基的一篇短文《为学与为人》，就记录了章先生的一段话：“你们来到清华，既要学习怎样为学，更要学会怎样为人，青年人首先要学‘为人’，然后才是学‘为学’。为人不好，为学再好也可能成为害群之马。学为人，首先是当一个有骨气的中国人。”这番话，掷地有声，终生难忘。

钟士模是MIT电机工程系的博士，教授“电路原理”。他身材比较魁梧，圆圆的脸，肤色黝黑，讲课条理清晰，课后同学生互动较多，是最受学生欢迎的教师之一。以后他奉命筹建全国第一个自动控制系，并被任命为系主任。1971年5月11日在一次会议上，他心脏病突发，经抢救无效逝世，时年仅60岁。

杨津基教授是留德的，讲授“高压工程”。希特勒执政时，他正好在德国。他私底下同我们闲聊时，说起当时德国的经济发展，还是推崇有加。这些话，如果晚几年被人听到，肯定是“吃不了兜着走”。

刘仙洲教“机械原理”，在这些教授中他的年龄最大，执着于研究中国机械史。1952年春节，我们几个同学去他家拜年，他的书桌前摊放着一些线装书，正在专心研究。他说，他年纪大了，过年的事无所谓了；他当时是河北省人民政府的委员，我们谈起刚被处决的刘青山、张子善，他也不加表态，给人感觉是一位“只做学问，不问政治”的忠厚长者。1955年他加入了共产党，在教授们中影响很大。

也有的教授因为在国民党时担任过一些职务，以致在相当长的时间里，得不到任用，未能发挥其专长。直到粉碎“四人帮”后，才重新焕发其青春。

到四年级下学期时，已经是1952年，全国性的“三反”“五反”开始了，四年级大部分同学都抽出来搞运动，所以上半学期还是按正规上学，下学期除还有极少的课程外，主要是做毕业论文。后来，课基本上都停了，毕业论文也免做了。

清华特色

当年清华对体育课是很重视的，学生体育不及格是不能毕业的。从一年级到四年级，每学期都有体育课，而且重点不一，前两年可能是器械活动、单双杠等；三年级后每学期分别安排篮球、排球、棒球，四年级下学期是游泳课，但只上了几次，就因学生都被安排参加“三反”“五反”运动而停课了，游泳没学会，也照样毕业了。

体育部主任是马约翰。他以身作则地倡导健身运动，在同学中威信极高。现在，清华的校友经常说到的一句话——“为祖国健康工作50年”，流传中说这是蒋南翔提出来的。但蒋南翔是1953年后才到清华的，而我们早在1952年前就听到过这句话，就是马约翰说的。

他个儿虽不魁梧，但体格健壮，脸色老是红彤彤的，精力充沛，冬天也只穿白色西装，里面是一件黑色背心，每到下午4点钟，就会在大操场上见到他的身影，指导、督促学生们进行体育活动。那时，学校也没有强迫性的要求，但下午4点，图书馆就摇铃，意味着该去大操场锻炼了。这样我也从开始时的被动状态慢慢养成习惯，每天到操场跑步，后来一周几次跑3 000米。

清华的体育方面除了有马约翰的带领，还有一批优秀的体育老师，像夏翔老师，新中国成立后多次担任全运会的总裁判长；马约翰全家可以说是体育世家，儿子马奇伟给我们上排球课，女婿牟作云则是篮球老师，新中国成立后他们分别是中国排球协会和篮球协会的领导。十分遗憾的是，马老师在“文化大革命”中同样没能逃避受迫害的命运。

新中国成立后，共产党十分重视政治思想教育，大学要开设政治课。但由谁来讲课？显然，靠清华原有的老师恐怕有些格格不入。于是只能请来自解放区的老革命，以及在社会上有名望的党内学者前来讲课。不仅学生要听，教职员工也要听。地点就在大礼堂，因此这门课就叫“大课”。我们听过艾思奇讲的“社会发展史”。对艾思奇，大多数同学都是久仰大名，他的“大众哲学”引领着不少青年学子在思想上得到一个提升。还有于光远的“自然辩证法”。记得是周培源亲自陪他来讲课的，介绍他是选听周培源“相对论”这门课的2个半学生之一。还有胡华讲的“新民主主义革命史”，使我能比较系统地了解共产党在这场革命中的历史地位。至于时事形势报告，应该说清华是得天独厚，周恩来、朱德，包括王明（当时叫陈绍禹，是中央人民政府法制委员会主任）以及胡乔木、乔冠华、丁玲等都来清华做过报告。

特殊背景下的社团“团契”

进校不久，晓光中学校友陆人骥就来找我。他知道我参加过晓光的学生运动，我进清华时，他已是地下党员，所以我到晓光后，他就要发展我入党（后来他还是我的入党介绍人）。我当时正为功课吃紧而烦恼，学习和社会工作“打架”，哪有精力去参加政治活动，因此就婉言谢绝了。后来，他又介绍我参加团契。

当时，共产党借用团契这种形式来做学生工作，这样可以淡化其政治色彩。

新中国成立前，清华各种团契有二三十个之多。有读书会性质的，像戈壁草、松明、春泥、Spark等；还有文艺性的，像“大家唱”、民舞社、剧艺社、阳光美术社等；还有直接为工农群众服务的社团，像识字班、工人夜校、医疗队等；还有体育性质的，如铁马体育会、金刚体育会、黑桃体育会。这些社团都是跨院系的，一般由高年级的地下党员同学挑头。

我参加的团契名字叫“春泥”，发起人是外文系的陈宜焜，他原先是电机系的，与陆人骥同班，后来转到外文系；还有心理系1951级的张一华，外号叫小兔，可能是她个儿小，又是一副娃娃脸；化工系1951级的田慧玲，外号叫Tension。整个团契大约有20人吧。

我们小组的组长是机械系的徐乃明，成天笑嘻嘻的，外号就叫Smiling。我有什么思想问题就乐意找他谈，他经常帮我分析，对我帮助很大。一次，他说：阿董，你每次都把包袱布打开，展现一下里面的东西，接着又包了起来，总是舍不得丢掉。这个批评很形象，就是要我对缺点舍得割弃，对我的触动很大。新中国成立后，他曾担任过一届学生会主席，并被选为北京市学联主席，离休前是航天部二院院长。他的夫人邹光华是物理系的，和我同年毕业。后来她是我夫人在地质部的同事，原先她并不知道我们的关系。在一次科研成果评审会上，她对璀明的敢于直话直说、仗义执言的举动，给我留下了深刻印象。再后来我们两家关系就较为密切。退休后我和他们夫妇们曾多次一起出国旅游，第一次是去俄罗斯，后来到过埃及、北欧等。

龚育之也是我们一个小组的，他是化学系一年级的，戴着一副眼镜，很严肃的样子，说话逻辑性强，学习能力强，思辨能力强，外号好像叫Professor（教授）。后来他因为得了肺结核休学，学校按规定让他一人一室。他自学俄文，很快就能翻译俄文小说。他1951年就因病离校。改革开放后，他曾担任中央党史研究室副主任、中央党校副校长。可能是在一次清华同学的聚会上见到他，当时，我在企业听到不少对党校乱发文凭的反映，甚至提到"祸国殃民"，我如实向他谈起。他说："有这样严重吗？至少中央党校还不至于吧。"他夫人孙小礼，是1949年进入清华数学系的，院系调整后到了北大。她也曾多次参加我们组团的出国游，最近一次是2012年的以色列、约旦游。她谈起龚育之所以能成为党史研究的"专家"，是"文化大革命"之赐。在"文化大革命"中被批斗（他那时是"阎王殿"中宣部的处级干部），闲来无事，就大量阅读红卫兵的各种小报，他的党史知识就是从此起家的。

王伟莹，化工系二年级学生。北京人，个儿较高，身材瘦弱，因患小儿麻痹症以致一腿拐瘸，文静端庄，言语不多，但很有亲和力，像个大姐姐似的关心我们这些新生。后来我夫人和她是地质科学院的同事，我们还见过几回。

此外还有中文系的李家兴（是曾担任过卫生部部长陈敏章夫人李家熙的姐姐），经济系的叶绪霞、郑佩芳，都是当年入学的新生。

当时解放区有一首民歌《垦春泥》，歌词中有："日出东来又到西呀，军民合作垦春泥呀"，这就作为我们的"契歌"。还有一首诗中有："化作春泥更护花"，有牺牲小我、服务人群之意。未知当初起名时，究竟是作何考虑的？

那时，正是我学习与社会工作闹矛盾的时候，我常常把自己的思想在小组里晾出来，求得大家的帮助。

“春泥”一般每周末晚上开一次小组会，事先会预定一个教室，选定阅读的书籍，进行讨论。一般都会联系当前时局，或者个人的思想。在这些既热情又严格的大哥大姐们的帮助下，我慢慢有了些进步。新中国成立后，学生活动转入以班级为主，团契就停止了活动。20世纪80年代后期，陈宜焜联系上了一些老同学，春节期间，在家聚会，我闻讯也去参加了，初期有10余人，有各个团契的；以后还在机械系黄庆华、航空系汤礼智的家里举办过。很多同学闻讯而来，参加的人数越来越多，一般同学家里都难以容纳，王浒学长就主动承担。王浒是新中国成立初期清华团委书记，后来曾担任北京市团委书记，退休前是北京理工大学校长；他夫人汪家璆是北大的，曾担任中央党校副校长、北京市委副书记。住所较宽敞，到会的有30多人，每人自带一两个菜肴，分而享之，气氛极为融洽。在王浒家聚会过2次，由于人员一再增加，以后就改到北京市委党校礼堂、北京工业大学礼堂，最高人民法院礼堂，清华蒙民伟楼等地，参加人员也定型为1946—1948年入学的，也就是抗战胜利、西南联大回迁后到新中国成立前入学的校友。最多时有200多人。在这里，不分年龄大小、“官位”高低，一律以名字、昵称或外号相称。前七八次，没有“大官”参加，以后彭珮云听说了，也要求参加。王浒同她说了几句话：“轻车简从，欢迎；前呼后拥，就免了”。她第一次参加是在北京工业大学大礼堂，孑身一人，车送到后，立即返回，下午两点散会后再来接。她还同大家一起合唱“大家唱”：

“来来来来来来来来，你来我来他来大家一起来唱歌，……”嘹亮的歌声把大家带回了那个热情洋溢的学生时代。以后，王汉斌、何东昌和李家宝夫妇也多次前来参加。

新民主主义青年联盟

清华在新中国成立前，共产党的地下组织分北系、南系。北系归华北局城工部领导，领导人是刘仁；南系是随西南联大复校回来的，仍由南方局领导，其直接领导人是钱瑛。为了防止国民党的破坏，两个组织之间不建立横向联系。党员人数从复校时的40多人，到1949年“七一”前夕公开地下党名单时，共有党员189人，这还不算在此期间因种种原因转到解放区或外地的地下党员，估计要在百人以上。

党的组织是在一系列的反抗国民党的倒行逆施中发展壮大的。先是1946年年底，以抗议北平美军强暴北大女学生沈崇的抗暴运动；接着是1947年5月20日的“反饥饿、反内战、反迫害”运动，到1948年，中国革命到了一个转折点，敌人困兽犹斗。在1948年8月19日，公布了约300人的黑名单，包围北大、清华、燕京，要进校抓人，在地下党的领导下，在进步教师的支持下，清华的黑名单中的地下党员全部转移，敌人一无所获。此后根据上级指示，隐蔽精干，保存实力，迎接解放。因此，我们进校后，政治斗争基本处于一个平静期。

南系、北系，都有其外围组织。南系、北系下面都有3个，名称不同，有的是“民主青年联盟”，有的是“新民主主义同盟”，反正不是“同盟”，就是“联盟”。在春泥团契时，1948年11月底，陆人骥又找我谈话，随后我加入了新民主主义青年联盟（也就是新民主青年团的前身），是北系的。这些组织以后都经中央组织部批准，入盟就是参加了革命，退休时都按离休待遇。

入盟后，3人为一小组，单线联系。我的组长是同班同学金昭明，他长我5岁。因各种原因，耽误了上学。到北京后，先在北大旁听，成为地下党员，以后转入清华。另一名成员是我同寝室的王文藻，毕业后分配到阜新发电厂，这是苏联援助的156个项目之一。当时很多重大建设项目都离不开焊接，组织上让他跟随苏联专家，改行搞焊接。以后成为新中国的焊接专家，在科研工作和人才培养上做出了重大贡献。1966年“文化大革命”开始后，造反派在有关档案中查到和他同名同姓的人是“反共救国军”，不分青红皂白，不做任何调查，就把他关押起来，严刑拷打；同年11月，他被迫害致死。他是我们班最早死于非命的同学之一。

当时的小组活动都是找校园里比较偏僻的地方，传达上面对形势的分析，布置当前在同学里要做的工作。在一次小组会上，金昭明传达上级指示，要迎接解放，做好隐蔽工作，为了防止国民党做垂死挣扎，要把一切“红色”书刊全都销毁。

国民党走了，共产党来了

那时北平的形势是暗潮汹涌，表面上相当平静，既没有什么群众性的游行示威，也没有国民党的抓捕活动。但三大战役已接近尾声，对傅作义的劝降也有所耳闻，看来北平解放之日也为期不远了。不过，没有想到形势居然会这样急转直下。

1948年12月13日中午11时许，我正在上戴世光教授的“经济学概论”课。忽然听到大炮声响，好像就在不远处，同学们都没有心思听课了，戴教授也就顺乎民心，宣布下课。这是我们在新中国成立前的最后一课。戴世光是临近新中国成立前夕蒋介石来北京时约谈的6位教授之一，在经济学方面也是一位权威人士，好像在三青团总部里还担任过什么职务，因此新中国成立后相当一段时间不受重视。下课后，同学们都跑到善斋宿舍三层楼的楼顶平台，看到清华园围墙外国民党的部队在往城里撤。接着学生自治会就通知同学们都把行李搬到系里，保卫系馆，防止有人搞破坏。我们就收拾行李，搬到电机馆的一楼实验室，晚上就打地铺睡觉；还分批派出同学沿着围墙巡逻，只听得外面时有马蹄声，可能是国民党的骑兵部队也在撤退吧。这一天，清华成了真空地带。

第二天，国民党炮兵开进了清华园，把大炮架在气象台下、化学馆的南面，其用意很明显，就是要以气象台作为掩护，我可以打你，如果你要还击，必然要毁了校园。把破坏校园之责推给解放军。可能是各方面做了工作，而且国民党部队也怕退路被截，所以炮兵当晚就撤走了。

很快，在清华园大门看到了中国人民解放军第十三兵团政治部主任刘道生发布的布告，明确要求军队不准随意进入清华、燕京等大学，字字体现共产党对文化设施的尊重与爱护。后来才知道是毛主席亲笔拟电，以军委名义致电四野首长林彪、罗荣桓、刘亚楼和第十三兵团司令员程子华等："请你们通知部队，注意保护清华、燕京等学校及名胜古迹等"；解放军坚决执行了这一指示，在清华园外的大石桥一带同国民党军队打了一仗，解放军没有动用重武器，展开了肉搏战，死伤达300余人。

国民党的撤退，意味着清华园的解放。同学们都纷纷出去找解放军。一天下午，体育馆前忽然来了两位解放军，一位战士牵着马，另一位看来像个领导。他们是被清华同学请来的。还有一位穿长袍的老先生陪着。消息传开，顿时体育馆前围得水泄不通。这位解放军领导讲了全国的战争形势，以及东北战役的过程，也讲了为什么不立刻进攻北平，就是为了不使这个文化古都受到破坏。他的讲话，获得了大家热烈的掌声。这种讲话，过去从未听过，对全国战局，虽然也有耳闻，但出自于解放军领导之口，感到特别兴奋。接着老先生也讲了话，有些结巴。我们新生都不认得。事后才知道原来他是大名鼎鼎的理学院院长叶企孙教授，梅贻琦走后，他是清华校务委员会的主任委员，副主任委员是理学院的周培源教授。

后来，我和几个同学骑车到颐和园附近，也见到了解放军，他们很热情地留我们吃饭，吃的是小米饭，聊了聊解放区的情况。不久，地下党就组织了迎接北平解放的活动，跨院系、年级的团契活动就此停止，转入以班级为主的活动了。

1948年12月19日下午，正当我们沉浸在同解放军交往的美好回忆中，期盼着北平将很快解放的美好愿望中，下午4点左右，清华园里一声巨响，一场谁也没想到的恶行发生了：国民党的飞机居然来轰炸清华园，扔下了多枚炸弹，炸出了几个大坑，幸好都未伤人。第二天的北平广播电台竟然厚颜无耻地播出："19日下午国军飞机出动轰炸北平西郊共军炮兵阵地，战果颇丰"，真是不知天下羞耻为何物！清华教授们发表宣言，向全国和全世界控告国民党的暴行。

解放了！天亮了！向往中的新生活即将来临。过去我们曾低声吟唱的"解放区的天是明朗的天""山那边是好地方"，现在可以大声高唱了，我们这里就是解放区了，我们这里也将成为好地方了。但新生活究竟又会是什么样？人们迫切地希望了解到这些情况。很快，我们所熟悉的两位共产党领导干部来清华了，一位是荣高棠，另一位是光未然。他们都穿着棉大衣，在大礼堂做报告。荣高棠是"一二·九"运动的领导人之一。在地下盟时，曾经传阅过的《冀东行》里的那位老清华就是他，所以对作为老校友的他，大家都很有亲切感。他上台讲话，第一句就赢得了大家的掌声："我是高棠，高棠就是我"。就像一个久未见面的老大哥。

光未然的大名早就如雷贯耳，他是黄河大合唱的词作者。"风在吼，马在啸，黄河在咆哮"，那气势浩大、慷慨激昂的歌词，激励着多少爱国志士为保卫黄河、保卫祖国，走上抗日的前线。还有那首《五月的鲜花》："五月的鲜花开遍了原野，鲜花掩盖着志士的鲜血，为了挽救这垂危的民族，他们曾顽强地战斗不歇"，在高中时就在进步学生中传唱不衰。现在不仅得识庐山真面目，而且还近在咫尺。他本名张光年，新中国成立后任中国作家协会副主席、中顾委委员。

那次来，他们给大家系统地介绍了国内形势，传达了北平很快就要解放的最新信息，希望同学们做好准备，到时进城去协助解放军做好宣传工作。不到一周，光未然又二进清华，同我们面对面地进行谈心式的交流，为同学释疑解难。同学们的疑问是：既然苏联老大哥对我们这么好，为什么抗战胜利后，把我国东北的设备都撤走了？为什么苏联红军军纪这么差？为什么枪杀了国民政府负责接收东北工矿企业的负责人张莘夫？

回答是苏联在二战中做出了重大牺牲，他们需要尽快恢复生产，这些设备如果留下，客观上就是帮助国民党；至于苏联红军军纪问题，那是个别现象，不能以偏概全。关于张莘夫事件也是含含糊糊地做了辩解，现在记不得当时是怎样说的了。

张莘夫是北大毕业生，以后留美学习矿冶工程，抗战胜利后，被国民政府任命为经济部东北行营工矿处副处长，负责东北工矿接收事宜。1946年1月16日，张莘夫奉命带领7名工程师赴中共占领的抚顺，交涉接收抚顺煤矿事宜，在回沈阳途中，一行8人在抚顺以西的李二石寨车站，被苏联红军劫往南山杀害张莘夫死得很惨，身中18刀，随行7人同时遇难。这一事件，在国统区引起极大反响，国民党借此发动了反苏大游行。事后，苏方说“系暴徒所为”，中共则认为系“国民党勾结日本人制造的惨案，以作为反苏反共的借口。”“文化大革命”中，1946年时任抚顺市委书记的吴亮平写过一份材料，说：“国民党派张莘夫等人来接收抚顺矿务局和抚顺煤矿。那时，我们的方针是对接收进行抵制，他们未能实现接权。没几天，他们就走了。后来，苏联红军指挥我们部队，说他们是坏人，把他们几个人杀了。此事件被国民党利用作为进行反共宣传的一个口实，迄今每念及此，我深为痛心。作为地方党委书记的我，对这一事件应负主要责任。为此，我受到东北局给的撤职处分，我做了检讨，并于1月底离开了抚顺。”对这些解释，虽然觉得说服力不强，但比起整个形势的变化来，这些问题毕竟不是主流，慢慢也就淡漠了。1949年6月30日，毛泽东发表的《论人民民主专政》，毫不隐讳地提出“一边倒”，还有一系列的批判“亲美崇美恐美”的文章，这些思想也就更淡漠了。再后来苏联援助建设156项工程，更感到苏联对中国真是发扬共产主义风格；一部部苏联电影公映，使我们看到了现在苏联人民的幸福生活，“苏联的今天就是我们的明天”。这些问题也就不成问题了。

所谓进城宣传的准备，首先是自己要学习当地方针政策，学习时局形势，学习毛泽东的《新民主主义论》等有关著作，还要学唱解放区的歌曲等。在此期间，解放军的文艺团体多次来清华演出，其中像大型歌舞剧《血泪仇》《赤叶河》等，主题都同《白毛女》相近，是揭露和控诉旧社会地主阶级残酷迫害农民的故事，演员们都带着浓厚的阶级感情，是进行阶级教育的好教材，而且艺术性也很强，因此很能激起同学们的认同感，但包括我在内的不少同学对农民翻身后高呼“毛主席万岁”等口号，却不大理解，甚至有些反感。为什么共产党也喊封建帝王色彩的口号？对此，光未然做了解释：他让我们设身处地想一想，贫苦农民解放前后生活状况和社会地位的鲜明对比，他们喊出这个口号是发自内心的，这个口号是解放区人民对伟大领袖毛主席心爱戴的表现，党只是顺乎民心而已，不能只看形式上的相同而忽视本质的区别。听了觉得也有道理。倒是反过来检查自己的思想了：

为什么自己会有这种想法？劳动人民就从来不不会这样想。于是又提高到“阶级感情”上去了。对这个口号，很快就习惯了，最后也就成为自己自觉的行动了。好像不喊“毛主席万岁”就不足以表达对共产党、对共产党的领袖的无限敬意。

1949年1月10日，我们在做进城宣传的准备工作时，传来通知，到大礼堂开会。这次可不是高棠他们了，来的是北平军管会的文化委员会主任钱俊瑞。对他，同学们都毫无印象。但听了他的讲话，印象深刻，觉得共产党真有人才，干部讲话水平都这样高。其实，钱俊瑞不仅是老革命，还是一位资历颇深的经济学家。1929年起他就参加陈翰笙领导的中国农村经济调查，撰写过多篇农村经济的论文。以后长期从事文化教育工作，曾任中共中央华中局文委书记、新四军政治部宣传部长等职，1947年后任解放区的华北大学教务长。后来他还是第一任教育部党组书记、副部长（部长是马叙伦）。他是代表北平军管会来宣布正式接收清华的，“从今天起，清华就是人民的清华大学了”。此话一出，掌声雷动！不多久，大礼堂的“与国同寿”的牌匾也取下来了，说明了人民的清华大学不认同“中华民国”的那段历史。

参与迎接北平解放

此后，隔不多久，就有令人鼓舞的事情，举起荦荦大者如下：

——1949年2月3日，进城宣传。10天前，也就是1月22日，北平和平谈判成功，北平继天津之后获得解放。当然，那是两种不同形式的解放：天津国民党守将陈长捷顽抗到底，最终被解放军攻克城市，他本人被俘；北平傅作义深明大义，和平解放，为人民立下了功勋。北平和平解放后，解放军要举行入城仪式，时间定在2月3日。我们在2月3日凌晨3时就从清华园火车站出发，乘坐闷罐车直达西直门，然后再步行到前门。一路手拿旗帜，喊着口号，唱着歌，精神抖擞。看到解放军的各个兵种的队伍雄赳赳、气昂昂地列队过来，虽然穿的都是灰布棉军装，但装备精良，大炮、坦克、机枪，全副美式装备，这真得感谢蒋介石这个运输大队长，使我们这支人民军队得以鸟枪换炮，真感到中国从此可以扬眉吐气了。

入城仪式结束后，我们就留在城里，记得是住在汇文中学。事后才知道，第二天北平地下党员都去北大四院开会了。这是北平地下党员第一次大聚会，据说约有2 000人，林彪、彭真、叶剑英、聂荣臻、赵振声、李葆华（李大钊之子）等领导参加接见，并讲了话。我们班的女同学周骞就在那里见到了自己的妈妈和大哥，原来他（她）们都早已是“同志”了，而且已经从上海到了北平。那种心情，真是难以形容。

我们宣传的对象大致有两部分：一是市民，二是中学生。前者就是上街宣传，包括即席演讲，宣传党的政策，回答群众提问；有时，还演出一些短小精干的活报剧，揭露国民党假和平的阴谋等。我们班凌瑞骥的即席演说，很受群众欢迎。凌瑞骥是地道的北京人，他父亲是京津地区的大资本家，开办仁立毛纺厂的，但讲话十分通俗化，能说到老百姓的心坎上。我亲耳听见他讲话后老百姓对他的夸奖。对中学生，更多是介绍清华解放这20多天的切身感受等。2月15日活动结束，返校上课。

——1949年3月1日，举行各个地下盟的全体盟员大会。会议在大礼堂举行，还是半秘密状态。大礼堂正门紧闭，参会人员都从侧门进入。但形式很隆重，主席台上高挂毛主席的巨幅画像和镰刀锤头的党旗。除清华地下党领导外，上级单位有蒋南翔参加。会上，宣布各个盟组织即将公开，新民主主义青年团即将成立，盟员如无特殊情况，一律自动转为团员。参加这次会议的清华盟员有500人左右，我们班的盟员有19人。当时，新民主主义青年团正在筹备成立，4月11–18日在北平召开新民主主义青年团第一次全国代表大会，冯文彬当选为团中央书记，廖承志、蒋南翔当选为副书记。

当晚，我们班的盟员聚会，班上的地下党员公开亮相，他们是凌瑞骥、金昭明、褚斌、孙亦榴、周骞，有的介绍了自己的入党动机，以及自己的思想转变过程，对我们这些盟员也是一次很好的教育。但整个清华地下党公开则是在七一前夕，全部地下党员的名单公布在大食堂前的民主墙上，一共189名。看了名单，很多同学很吃惊，像彭珮云、何东昌，在同学眼里都是不问政治的，怎么还是地下党的领导呢？何东昌当时是航空系的助教，有位女同学看他为人正派，想发展他入盟，他婉言谢绝了。不料他居然是清华地下党的副书记。

凌瑞骥是我们班地下党小组组长，并负责民青支部，新中国成立后，还早于朱镕基担任过一届学生会主席，他虽然是大资本家家庭出身，但无产阶级立场坚定，“文化大革命”中也曾经历批斗、监禁和严刑拷打，但随后又得到重用。在业务工作中也做出过重大贡献：参与创建了中国第一个计算机专业，创建了清华大学软件技术中心，而且在开拓美、日软件市场上取得重大成就，以2万元贷款起家，在他负责的十几年内，创下了6 000万元人民币的净利润；还带动了计算机系、数学系、校计算中心的科研、教学工作。1990年体检时，查出原发癌已转移淋巴，在两年多的“恶治”期间，利用化疗间歇，三次出国争取美国和日本的软件项目。同学聚会时，他还是骑着自行车从清华园赶到城里。这种顽强地与病魔斗争的精神，使同学们十分感动。至今他还在清华当义工，为大学生的党建工作出力。

周骞，是我们班年龄最小的小妹妹，属猴，比我还小3个多月；但党龄不短，1946年3月在上海南模读高中时入党，不足14周岁。平时理个男式短发，穿一件皮夹克，因此得了“假小子”的外号。她聪明过人，学习不费功夫却成绩优异。毕业时分配到中央广播事业局，随即派赴捷克学习，以后在中央广播科学研究所从事科研工作，直到1986年调入国家经委能源局。1988年，国家经委和国家计委合并，她调到中国工业经济协会，任国际部副部长。并担任世界能源会议秘书处执行秘书（该机构的主席是时任国家经委副主任的朱镕基），1988—1991年当选为该机构规划委员会第一副主席（主席是美国前能源部部长）。后来因病卧床，生活不能自理，她丈夫不久先她而去，女儿周玫定居美国。她现在一家康复院疗养，离市区甚远，她生活已不能自理，但头脑清楚，平时只能通话聊聊，偶尔也有同学前去探望。2012年她80华诞，她女儿特地从美国回来，我和管彤古、林自新等多位同学，也前去为她做寿。

孙亦榴，1948年入盟，凌瑞骥入盟是他发展的。他为人忠厚老实，生活简朴，待人真诚，

大四时，我和他同一寝室，相处很好。他曾担任过班上团支部书记和班上总干事，办事认真，他父亲是燕京大学的新闻系教授。抗战胜利后，他还曾担任英文版《北平时事日报》的总编辑。他家庭经济条件较好。燕京离清华很近，每星期六，他都要回家，弹弹钢琴，喝喝咖啡，很留恋这种生活。在整风中，他谈了自己的活思想，批判了这种小资产阶级情调。但党支部认为他认识不深，批判不够，劝他退党。他也认为自己这种思想不符合共产党员的标准，同意退党。在我们班上，并没有人因此而对他歧视，但参加工作以后，退党一事这就成为政治生活中的一大污点了。从反右起，就打入另册，原本他是矿山的技术人员，被发配到井下当工人。直到20世纪80年代初期，他才得到平反，以后出任总工程师，但20年的大好年华被无谓地浪费了。

褚斌，上海金山县人。他是我们班地下党员中党龄最长的一位。他于1944年5月抗战期间在上海中学加入中国共产党地下组织，曾担任过上海沪新中学地下党的支部委员和书记。1947年进入清华大学先修班学习，1948年进入清华大学电机系。北平解放后，他于1949年2月调到崇文区工作，先后担任过区委组织部、宣传部、办公室的领导；以后又在多家企业、中学担任领导。1965年因精神分裂症住院治疗，“文化大革命”受冲击后，健康情况更趋恶化，家庭又遭离婚，生活比较清苦。1984年2月因病逝世。

——1948年7月1日下午，北平市委在先农坛举行庆祝中国共产党诞生28周年大会，我作为党的积极分子也有幸得以参加。会场气氛热烈，各单位之间相互拉歌，“清华，来一个”“北大，来一个”，此起彼伏，歌声不断。大会开始后，忽然下起雨来，但谁也没有躲避，秩序井然，一会儿雨过天晴，一道彩虹出现在空中。郭沫若满怀激情，当场吟诗庆贺这一好兆头。忽听汽车喇叭声，很快，一个魁梧的身影出现在主席台上，彭真宣布毛主席来了。于是“毛主席万岁”响彻云霄。大家请求毛主席讲话，毛主席却喊了口号：“人民万岁”！喊得我们热血沸腾，感到领袖和人民是心连心。

第二天，看到毛主席为1949年中国共产党成立28周年撰写的专论《论人民民主专政》，感到不仅是对中国共产党成立28年经验教训的总结和前景的展望，也是对鸦片战争以来，无数先进的仁人志士追求真理道路的经验总结。全文酣畅淋漓，感到大长了中国人民的志气。

——1949年10月1日。这是值得大书特书的新中国成立的日子。那天，师生员工2 000多人参加了开国游行。从凌晨3时在清华园火车站上车，到翌晨3时才回到清华园，整整24小时，累，并快乐着。

火车开到西直门，大家列队走到前门。开国大典是下午3时进行，听到毛主席以他特有的湖南话宣布“中国人民从此站起来了”，立刻联想到百余年来中国的屈辱史，从此将一扫而空。等到前门的队伍起动时，早已是夜幕沉沉了，同学们都是带着小红灯笼，提灯游行的。这也是我们参加无数次游行中的最难忘的一次。经过天安门时，大家狂呼：毛主席万岁！毛主席也以“清华大学的同志们万岁”作答，大家更是心潮澎湃。

晚上，还在天安门广场联欢，各个单位围成一个圈，载歌载舞，我们的周围基本上都是大中学校，互相拉歌，此起彼伏。晚会结束，已是第二天凌晨了。我们怀着无比兴奋的心情，拖着疲乏的身躯，返回西直门车站。一路唱得最多的是“一百里路程走了九十九，今天的目的地就在前头，嗨嗨吆呵，嗨嗨吆呵”。

这样的游行，在校期间，基本上是一年两次：五一、十一，有一年还加了一次五四，

多数是火车只送到西直门，偶尔直送前门的，那真是上天保佑了。

有一次，我们的场地同师大女附中为邻，就同她们攀谈起来，双方都希望建立固定联系，后来我们班还同她们的高二班结对，举行过几次联谊活动。那时，她们领头的是胡启恒，就是胡启立的妹妹，很能干，后来担任过中科院的副院长。若干年后，我们班的吴北生还同她们班的惠钟颖结为伉俪。

三次申请入党

1949年暑假，北京市委学校支部科（简称学支科）组织学生党员训练班，为期一个月，吸收部分党外积极分子参加，我们班上非党员参加的有杨勤明和我2人。结业前，我递交了入党申请，就回上海了。从上海回校后，我发现参加党训班的非党员一

般都已发展入党，杨勤明就是这次入党的。我错过了这一机会。

那时要求入党，同地下入党情况很不一样了。新中国成立前，对党的宗旨并不十分了解，很多人都是为了反对国民党的统治，接触进步思想后，才逐渐接近党的。解放了，亲眼看见共产党的干部作风，了解了共产党的政策，从国民党轰炸清华园，到共产党第十三兵团政委刘道生发布告示保护清华园的鲜明对比，从共产党干部作风真挚、朴实，到上海解放时解放军战士不进民居、露宿街头同过去"刮民党"的无端扰民相比；真是感到冰火两重天，确实感到"解放区的天是明朗的天"，一扫过去国民党统治下的压抑感。荣高棠、光未然、艾思奇、钱俊瑞等的形势报告和"社会发展史"的讲课，使大家耳目一新，精神振奋。部队文工团来清华大礼堂演出的《赤叶河》《血泪仇》等歌剧，更激起青年学子对剥削阶级的痛恨，都想从此安心下来，好好读书，学成报效祖国。虽然物质生活要比过去有所下降，过去大食堂的学生膳团主食不是大米饭就是馒头，现在可能是战争尚在继续，产稻子的南方地区尚未解放，大米、白面的供应有些紧张，有时主食要掺窝窝头、高粱米了。但学生们还是意气风发。当时有一句顺口溜："大米白面反饥饿，小米高粱扭秧歌"，充分反映了大学生的心情。

特别是在暑假参加了党训班，比较深刻地理解了共产党的宗旨和共产主义的理想。刘少奇在《论共产党员的修养》中所描绘的共产主义前景："在那种世界里，没有剥削者、压迫者，没有地主、资本家，没有帝国主义和法西斯蒂等，也没有受压迫、受剥削的人，没有剥削制度造成的黑暗、愚昧、落后……那时，人类都成为有高等文化程度和技术水平的、大公无私的、聪明的共产主义劳动者，人类中彼此充满了互相帮助、互相亲爱，没有尔虞我诈、互相损害、互相残杀和战争等不合理的事情”，使人心潮澎湃。这样壮丽而伟大的事业，怎能不令人心甘情愿地为之献身？在《论共产党员的修养》中，少奇同志还论述了“党员个人利益无条件地服从党的利益”。这样，“他就可能有很好的共产主义道德”“他也可能有最大的革命勇敢”“他也可能最好地学习到马克思主义列宁主义的理论和方法”“他也可能最诚恳、坦白和愉快”“他也可能有最高尚的自尊心、自爱心”，并且深刻地剖析了党内各种错误思想意识。主要有：个人主义，自高自大、个人英雄主义，剥削阶级意识，计较小事，不识大体等。我一看，前几条我都有啊。作为共产党员，就得加强自我改造。因此，当时真是心悦诚服地进行思想改造的。比起共产主义伟大事业来，自己还有什么不能丢弃的呢。

当时，对我们这些愿意为真理而献身的青年学子来说，《论共产党员的修养》是一本必读书，人人以书中提出的对共产党员的要求作为自己思想改造的目标。因此，“文化大革命”中批判它为“黑修养”，令人难以理解，难以接受。但如果按照《论共产党员的修养》中提出的要求都是错误的，那共产党员又该是什么样的？难道整天打打杀杀，对人踩上一只脚，让人永世不得翻身的才是共产党人的榜样？不过该书作者都已打成内奸、工贼、叛徒，又有谁敢为这本小册子喊冤叫屈呢？

因此，党训班结束时，我就写了入党申请书。在入党申请书中，重点是对出身阶级的批判。对我来说，主要是两方面。首先是认清出身阶级的反动本质，联系实际进行批判，从思想上、行动上，同出身阶级划清界限，真正投向无产阶级，彻底同出身阶级决裂。其次是要克服自己的资产阶级和小资产阶级思想，肃清自己所受的影响。这是必需的，是理所当然的。有人说是共产党在洗脑，我觉得这是一种偏见，因为我们确实是抱着一种虔诚的态度自觉进行的。

从理论上，我当然是痛恨资产阶级的，因为他剥削工人的剩余价值；在实践上，通过《白毛女》《赤叶河》等文艺作品中的形象，更是对剥削阶级义愤填膺。《钢铁是怎样炼成的》中的冬妮亚最终和保尔不能走到一起，《牛虻》中亚瑟的教父出卖亚瑟等情节，都对自己触动很深。但具体到自己家庭，又觉得不像这些电影、歌剧中所描绘的那样。这自然是被认为“阶级观念淡薄”，自己也很痛苦。于是“深挖根源”“从本质上去认识”；把父亲的慈善事业批判为“小恩小惠”，麻痹、腐蚀工人阶级意志的恶毒行为；把他低调做人，自奉简朴说成以假象掩盖自己；把他在公开场合很少出头，把公司唯一的一辆轿车主动让给搞技术的副手使用，说成掩盖统治阶级内部矛盾；把“乌尔丝”一事自我批判为“美化资产阶级”；等等。在当时，自己并不感到是矫揉造作，而是觉得思想觉悟的提升。

至于对所受影响，主要就是少奇同志在《论共产党员的修养》中指出的“个人主义，个人英雄主义”。虽然，像我们这样一些当时上得了大学的知识分子，这是一个共性问题。在中学里，一般都是高才生，骄傲自满，自高自大，这是通病；一旦遇到挫折，又往往患得患失。但对我这样剥削阶级出身的知识分子，更要联系出身阶级的影响，挖掘阶级根源。摆正个人和组织的关系、个人和集体的关系。在这方面，钱正英的一次报告对我触动很大。

1950年4月，清华请了几位先进人物来校做报告，其中有钱正英。她是1923年出生的，1939—1942年间在上海大同大学土木系求学时参加的地下党，1942年她和一批进步同学去了淮北解放区。那时解放区没有什么工程项目，她就从文化教员做起，以后哪里有需要，就到哪里去，让干什么，就干什么，干就干好；先后担任过水利科长、交通科长。新中国成立后，她就挑起了重担，出任华东水利部部长。当时她只有27岁，是大区部长中最年轻的。同她一起去解放区的有位同学，总觉得自己是学工的，干其他工作觉得是屈才，这也不合适，那也不适合，结果是，抗战八年，他就等了八年，落得一事无成。她的这篇讲话后来编入中学教科书，影响很大。这件事对我教育很深，使我认识到，作为一个共产党员，必须摆正个人和群众、个人和组织的关系，使自己老老实实地以党的利益为最高利益，甘心情愿地做一个螺丝钉；这也培养了我以后在工作中不讲价钱，干一行，钻一行，爱一行。后来，不少学者强调兴趣对一个人的成长起到关键作用，我既承认也不完全赞同。就同这些经历有关。

1950年年初，电机系党支部通知我，即将讨论我的入党问题，要我补充一些材料。我把这些认识补充到入党申请书里，党支部大会讨论中，普遍认为我认识深刻，肯定了我对资产阶级家庭能划清界限，并希望我能进一步提高阶级觉悟。我的入党申请得到了一致通过。以后这种对出身阶级带来的原罪的批判，在相当一个时期内没有停止过。

党支部通过后，在上报校党委批准期间，党中央决定在全党开展整风运动，停止批准新党员。校党委就把这件事搁置起来了。

再次讨论我的入党问题已是大学四年级了。1952年年初，临毕业前，党支部大会准备再次讨论我的入党问题。正好这时又开展忠诚老实运动，党委书记何东昌作动员报告，其中讲到有的资产阶级家庭出身的人，过去家中以他的名义入股的，要赶快处理。我一听，我就是这种情况，于是立即向党支部汇报，并同时向几位兄妹做了通报，党支部要我立即把这些股份处理掉。我写信给父亲，请他把以我们兄弟姐妹的股份全部上交国家。不久，父亲回信说是政府不收，已将我们名下的股份全部转移到我的一位亲戚名下了。我把父亲的来信给了党支部，于是很快召开了党支部会。因为我已有1950年党支部会通过的基础，因此没有什么新的问题，就通过了我的入党申请。在毕业前夕，我终于以共产党员身份参加祖国第一个五年计划了。

在清华园参加的政治运动

新中国成立后，清华学生的各种社会活动较多，很多都是全校性的。这4年中，除了大学二年级安安稳稳地念了一年书，其他几年都有各种政治活动。大学一年级时，迎接解放，进城宣传；大学三年级时，抗美援朝；大学四年级时，参加“三反”“五反”运动。即使没有什么全国性的运动，平时社会活动也不少。有的同学统计过，每周社会活动时间竟然高达40小时。

抗美援朝

1950年6月25日，朝鲜战争爆发。中朝近邻，唇齿相依，自然激起全国人民的极大愤慨。同年10月，中国派出了以彭德怀为司令员的志愿军赴朝作战，全国人民掀起了“抗美援朝，保家卫国”的热潮。作家魏巍写的一篇《谁是最可爱的人》更激起了人民群众对志愿军的无比热爱的感情，人们纷纷写信、送纪念品，捐款捐物。著名评剧演员常香玉一人就捐赠了一架飞机，响应者不乏其人。而最能体现“保家卫国”的实际行动，就是奔赴抗美援朝的第一线，清华也掀起了报名参军的热潮。

当时，我却出奇地冷静。我觉得抗美援朝，每个人都得在自己的岗位上做出贡献。过去，南下工作团只要文法学院的学生，让理工科的学生继续留校学习，现在也不至于就少几个大学生参军吧。当然，这些话我只是自己心里想着，但在行动上我迟迟没有报名。后来看到很多同学都报了名，自己感到有压力了，怀疑自己是否落后了，于是也报了名，同时也做出了检讨。最后，我们班上就是刘锡卓被批准参加军干校，此后一直没有联系。

1997年，我们班同学编写的通讯《同窗寄语》出版第二期，刘锡卓写了一篇《无愧无悔乐融融》，简单地介绍了他的经历。他先是到大连海军学校学习，以后又到海军航空学校学习通讯射击专业。因他父亲的社会关系比较复杂，本人又不会“来事”，当过几回“运动员”，但都没有“挂衔”。他工作认真，能傻干，曾立了五次三等功。离开部队时，他选择了回天津老家，从工人干起，“推到了重建”。经过几年奋斗，他自我评价：我无愧于南开人，无愧于清华人，重新实现了自己的价值。虽然这番话语焉不详，但也可体会到他的心情。

清华同学中真正参加抗美援朝并做出可贵贡献的，是物理系的张泽石。在校时，我们并不相识。20世纪90年代末，一次清华部分同学聚会时，我们得以相识，交谈之中，对他的正义感、执着精神，甚为钦佩。他的一生颇有传奇色彩。他是地下党员，新中国成立前，在校学习时，就被派回四川老家从事地下斗争；抗美援朝参军被俘，一个偶然的机会，美军发现他的英语甚好，让他担任俘虏营的翻译。他利用这一有利条件，组织反美斗争，曾参与领导劫持美军杜德准将的活动，轰动一时。他也亲眼看见志愿军被俘人员悲壮的斗争，为了坚持回国，很多人忍痛刮去美军刻在他们身上的反动标语。但回国后的遭遇令人痛心，包括他在内的所有党员都被开除党籍，非党员也被排斥在公职岗位外。他为这种不公正的待遇奔走呼号，并写出《我从美军战俘营归来》《一位志愿军归国战俘的遭遇》等书籍，披露事实真相，并寻找当时的难友，为他们讨回公道，获得应有的生活待遇和人格尊严。他虽已年满85周岁，但仍然到处奔波，2011年年底至2012年年初，他带着崔永元的“口述历史采访组”，跑遍了辽宁、河南、山西，抢救性地录制了30多位志愿军战俘的口述。

在校内参军高潮过后，校党委组织大家下乡宣传，我们一个小队是到门头沟一个小村庄，吃、住在老乡家，记得帮着垒过墙，其他记不得了。

“三反”“五反”运动

1951年12月1日，中共中央做出《关于实行精兵简政、增产节约、反对贪污、反对浪费和反对官僚主义的决定》，一场轰轰烈烈的“三反”运动在全国党政机关和国营企事业单位拉开了帷幕。

早在1949年3月，毛泽东主席就在党的七届二中全会上的讲话中指出：“可能有这样一些共产党人，他们是不曾被拿枪的敌人征服过的，他们在这些敌人面前不愧英雄的称号；但是经不起人们用糖衣裹着的炮弹的攻击，他们在糖弹面前要打败仗。我们必须预防这种情况。”现在3年快过去了，果然出现了这种情况。典型的是原中共石家庄市委副书记刘青山和原中共天津地委书记张子善成了大贪污犯，被依法判处死刑。开展“三反”运动，既是同贪污腐化做斗争，也是一场挽救干部的运动。

在“三反”运动中，暴露出大量的贪污盗窃与社会上不法资本家的行贿、偷税漏税、盗骗国家财产、偷工减料、盗窃国家经济情报的“五毒”行为密切相连，要彻底铲除“三害”，就必须戒掉“五毒”。印象最深的是上海一家药店老板王康年丧心病狂，利欲熏心，在为志愿军提供的医药用品中弄虚作假，致使众多志愿军伤员用了王康年的“急救包”而遭细菌感染身亡。这件事在全国引起极大愤慨。1952年1月26日，中共中央发出了《关于在城市中限期展开大规模的坚决彻底的“五反”斗争的指示》，要求向违法资本家开展一场大规模的“五反”运动。

那时，清华开展“三反”运动的主力军是谁？学校管钱、管物的，很多都成为怀疑对象、甚至是斗争对象。一下子就有好几十号人，都集中关押在善斋一楼西侧，轮班看守需要人，调查审讯也需要人。此外，城里搞“五反”，也需要不少人。于是，学生就成为主力军。大学四年级的课程基本都结束了，主要是完成毕业论文。于是大学四年级学生就成批被抽调出来搞运动，一部分留校搞“三反”，一部分进城搞“五反”，还有一部分土木系、电机系的应届毕业生则参加新建宿舍的设计、施工。因为大规模经济建设即将开始，清华肯定会扩招，学生宿舍是首当其冲的事；新中国成立初期，可能因为经费也较紧张，自己动手，既可节约资金还可锻炼人才。新建宿舍都是三层楼的小楼房。当然，比不上原先的善、平、明、新斋等老宿舍，但毕竟是自己设计、自己施工的。更何况清华多少年来没有盖房了，看到这个场景还是很激动人心的。

我被分配留校参加“三反”。当时确实有一种光荣感，能够亲自参加党中央发动的这一伟大运动；一种是使命感，要把这些贪污分子挖出来，给以应有的惩处。但也感到自己有些力不从心，既不懂财务也不会查账，更没有这方面的经验，能不能完成好任务，也不那么自信。好在我们这个三人小组的组长是凌瑞骥，对他的能力，我是很佩服的；另一位成员是学校工程股管工室的工人党员裴全，有实践经验，干劲足；我当时还没有入党，就跟着他们学习吧。

“三反”的对象是哪些人呢？主要是学校行政部门涉及钱、财、物的，像总务处、基建处等。当时叫做打“老虎”。“老虎”是由上面确定的，被定为老虎的都集中在学生宿舍善斋一楼的西半侧，有人轮流值班看管，不得随意出入。交给我们的那只“老虎”记不得是哪个部门的了，是个一般干部。但我们手头并没有多少过硬的证据，只是个别人的揭发材料或一些怀疑线索，再就是通过查账发现的一些疑点。

当时认定“老虎”也有标准。贪污1亿元以上的是“大老虎”，贪污3 000万元到1亿元的是“中老虎”，贪污1 000万元到3 000万元的是“小老虎”。1952年币制改革时，新人民币1元相当于那时的1万元，1 000万元就是1 000元。按现在眼光看，有的简直是不值一提。但我1952年毕业时的月工资是47.5元。一般工人也就是三四十元。1 000元就相当于一个普通工人两年多的工资。

过去我们从来没有干过这类事。只能“从战争中学习战争”。现在回想起来，大体上有这样几种方法。

顺藤摸瓜。从已有的线索或他交代的材料中跟踪追击；抓住矛盾，扩大战果。从他交代中发现前后矛盾之处，以此作为突破口，乘胜追击；实地踏勘，发现线索。到他工作岗位，或采购物品单位，进行实地调查；政策攻心。宣讲政策，指明方向。坦白从宽，抗拒从严。

这样做，多少起些作用，但效果似乎不明显。这也许是对方知道你手中没有证据，有恃无恐；或者是心存侥幸，拖延时间；或者确实是搞错了，他无可交代。

审“老虎”一般都是在深夜12点以后，有意造成紧张气氛。事先报告“三反”运动办公室，由他们通知看守组，按时把“老虎”押解到预约好的教室楼。深夜提审，对“老虎”固然有压力，但我们自己有时也因发困而精神不振，有的同学就是在这时学会了抽烟，我则坚持不吸烟，实在疲倦时就用冷水冲洗一下头部，总算过了这一关。

从宏观讲，开展“三反”，很有必要。取得政权才三年，就发生如此众多的贪污腐化；如果不及时采取措施加以遏制，后果不堪设想。但从具体案件来说，确实值得商榷。一个大学，居然可以随意关押“犯人”，私设公堂，现在看来，确实有点匪夷所思，但在那时，却是很正常的事。新中国成立初期，国民党的法律已全部废除，新的法律也没有制定，政策高于一切。特别是一搞运动，“群众运动就是天然合理的”。我们这些年轻人，就是在这样的教育下，经历了一次次的运动，也就一次次地接受“运动教育”，根本谈不上什么“法制观念”，更说不上要建立法治国家了。

虽然没有听说审问中有什么过火行为，但也有“老虎”不服，大声喊冤。当时外面流传一句话：“清华园里鬼哭神嚎”，我们听了却不以为然。觉得只要是组织上，也就是党交办的，就一定要办好。组织上认为有问题的，就一定有问题，证据不足不要紧，“打虎队”的责任就是去查找证据。胡适的名言“大胆的假设，小心地求证”倒是用上了，但“假设”要改成“怀疑”。记得一次我专门到同这只“老虎”有业务联系的校内另一位干部住所“踏勘”，看到他家大门上有一面镜子似的装饰物，现在想起来，可能是用以辟邪的，当时我从过去看过的公案小说中得到启发，怀疑会不会是双方联系的信号，回去后向组长汇报，居然得到了称赞。当然，以后也求证不到任何根据来证明这一“大胆的怀疑”。

此外就是“政策攻心”，反复交代“抗拒从严，坦白从宽”。过了一些日子，市里召开“政策兑现大会”，地点是劳动人民文化宫。于是我们就押送这些“老虎”，从清华园坐车进城。记得主持大会的是孙国梁同志，他当时好像是市委委员，后来在中央党校工作，当场宣布抓一批、放一批。但回来以后，似乎也没有见到有多大效果。现在记不得我们负责审问的“老虎”，究竟贪污了多少，最后怎样结局，全校、全市的“三反”，也都没有印象。好像并没有那种战果赫赫的成就感。这些案件是怎样结案的，现在想不起来了。好像也没有听说真正打出几个大“老虎”来。

在毕业证书上盖章的两位校务委员会主任

运动还没有全部结束，我们就要毕业，离开这令人怀念的清华园。清华解放时，梅贻琦校长就离开了清华园，校长一职一直空缺。梅校长，我根本就没有见到过。清华园大炮响后，他就进城了，以后就飞离了北京。不过，听说他当时并没有去台湾，以后从香港到美国，直到1955年，才奉命去台湾创办台湾清华大学。在清华，师生员工无不敬重梅校长，他掌校17年，是清华历任校长中任职时间最长的。这不仅同他的办学理念有关，主要是他的人格魅力。尽管当时我们并不太了解，后来听一些地下党的同学说起，尽管他不同意你的政见，但他毫不犹豫地顶住来自国民党地方军警特务的压力，保护学生免受迫害。至于一些“小事”更让人感动。抗战时，在西南联大，他作为校长，家庭经济也十分拮据，他夫人韩咏华自己做了糕点，摆摊贩卖。他的孩子考清华以几分之差，就是不予录取；他临终前放在身边的一个小包，里面就是他经手的清华庚子赔款基金、账单，笔笔清楚。据说，梅贻琦离开后，周恩来曾说过：梅贻琦何必走呢。还可以继续当他的校长嘛。这说明梅贻琦在中央领导人心目中的地位。但如果他真的留下当校长，他能舒展他的抱负，实现他的办学理念吗?

2009年3月，我们同班同学7人及家属等，一共12人，去台湾旅游，事先同台湾新竹清华电机系联系，去参观台湾清华大学。台湾清华大学负责接待的社团的两位女生陪同我们参观，首先带我们到“梅园”，“梅园”两字，是于右任题写的，梅园是清华为梅贻琦所建的墓园，墓的上方正面是蒋介石的挽额“勋昭作育”四字，下面是蒋梦麟撰写的碑文；陵墓盖板上是罗家伦题写的“梅校长贻琦博士之墓”。我们7名清华学子在老校长墓前三鞠躬致敬。陪同我们敬谒陵墓的女同学骄傲地同我们说：梅校长是我们永远的校长！

梅贻琦走后，清华成立了校务委员会，主任委员是叶企孙，副主任委员是周培源。我们的毕业证书就是盖着他们两位的印章。1952年夏院系调整时，他们两位物理系的教授都被并入北大物理系，以后周先生曾担任北大副校长、校长。他在科学上的成就固然是举世闻名，有目共睹；他那种坚持真理，不随波逐流的精神更值得钦佩。1972年，还是在“知识越多越反动”的年代里，他上书给周总理，强调要加强基础理论的研究，分析了中国基础理论研究落后的基本原因，提出了相应建议；后来，此文经改写后，以《对综合大学理科教育革命的一些看法》为题，刊登在《光明日报》上，对推动当时的“教育革命”走向健康之路起了很大作用。他为人谦虚，身为校务委员会副主任委员，即使同我们这些学生讲话也是谦虚有加。在我参加“三反”运动时，一次，记不得是什么事，他到我们这里，开口却自称“兄弟我”，充分反映了他的“平等观”，但使我们有受宠若惊之感。

但是说到主任委员叶企孙老师，却难掩悲痛之情。这位被尊为“大师的大师”的大科学家，并入北大后，却再也没再担任任何行政职务。叶企孙是1918年以留美公费生赴美学习物理的，20世纪20年代的哈佛博士，他在1925年创建清华大学物理系，在不到十年的时间里，就让清华大学物理系名列全国前茅。清华理学院也是他在1929年创办的，他可以说是桃李满天下。在23位“两弹一星”功臣之中，有9人是他的学生，有2人是他学生的学生，其中，就有王淦昌、赵九章、彭桓武、钱三强、王大珩、陈芳允、邓稼先、朱光亚、黄祖洽、周光召、唐孝威等。李政道以大二学生身份赴美读博，华罗庚以一个初中生得以进入清华数学系，都得益于他的推荐或同意。我第一次见到他，是在体育馆前他陪着解放军领导，穿着一件长袍，像一个土老儿，讲话好像还有些结巴，一打听，原来是大名鼎鼎的清华理学院院长叶企孙。

他还积极支持解放区的抗日活动，他的得意门生学生熊大缜毕业后，叶企孙原来打算保送他到德国留学，但他一心想参加抗日。在叶企孙的支持下，熊大缜前往冀中，后来担任冀中军区供给部部长，他们利用专业知识为根据地制造烈性炸药、地雷、雷管，叶企孙还支持熊大缜购得制作炸药的原料和无线电等军需品运往解放区。但后来熊大缜被诬陷为国民党中统特务被处决，叶企孙也因此受到牵连，这就是为什么他到北大后没再担任行政职务的原因。“文化大革命”中，他还被诬陷为中统特务，因此被捕入狱一年半，又受红卫兵的批斗，备受折磨。它孤身一人（始终未婚），带着病体，踯躅街头，以乞讨为生。一代大师，竟落得如此下场！不亦悲乎！

我们这个班

纵观清华四年，虽然自己学习得不好，但四年来，老师们严谨的治学态度，对学生的真诚关爱，以及循循善诱的“为人”与“为学”的教导，都使我们受益匪浅。至于“自强不息，厚德载物”的校训，说实话，新中国成立后，就没再提起，因此，在校期间，对此印象也不深。但这种精神已经通过老师们以及高年级同学的言传身教，实际上也潜移默化地在起作用。

我们班是新中国成立前最后一批进入清华的，但在校的大部分时间是在新中国成立后度过的，见证了新中国成立前后两重天的对比，看到了在共产党领导下的新中国，如日中天，欣欣向上；也经历了历次运动的锤炼，饱尝了其中的甜酸苦辣；更深受十年浩劫的磨难，终于迎来了新时期的到来；同时也看到前进路程的坎坷不平。但仍然坚信：人类社会终将遵循其发展的客观规律，浩浩荡荡，奔向前进！

我们这个班究竟有多少人？没有一个确切的数字，因为老是在变动。但肯定是清华的一个大班。1948年，清华录取新生400多名，电机系占四分之一左右。据周贝隆、汪雪瑛从“校史资料室”查到的电机系一年级名单为88人，但其中有10人左右我连名字都没有听说过；也查到大四时的名单，有103人，其中也有二三个人的名字毫无印象。从杨勤明保存的参加当年电机系三年级班级活动的人数，则是102人，到四年级毕业时，加上上个年级留下的，大致是108人。这些数字的出入，主要有几个原因：一是高年级的同学没有按时毕业，有的参加了我们班的活动，有的并没有参加，但是同我们一起毕业的，这里可能会有些出入；二是三年级前每年都有转系的，先后有31人从我们班转到物理系、数学系等；同时，也有47人从其他理工院系转入的。这种转系在当时还比较普遍，像我们班毕业时4位女生中，周骞、张泰新2位是1948年考入电机系的，另2位张莹祥、汪雪瑛则是1949年暑假开学后从物理系转来的。当时，她们该是物理系四年级毕业班学生了，但是她们感到新中国大规模经济建设就要开始了，需要大量的工程技术人员，因此就从“理论性太强，太虚的物理系”四年级转到电机系二年级，延迟了两年毕业。张莹祥在我入校时是学生自治会主席，也是新中国成立前清华最后一届学生自治会主席，她组织能力强、口才好、能言善辩，很受同学们拥护。她毕业后分配到北京广播器材厂，1974年下放到四川三线厂，1978年调到中科院高能物理研究所从事高频工作。汪雪瑛曾担任过清华少先队总辅导员、腰鼓队队长，毕业后分配到哈工大，跟随苏联专家，做动力经济研究生。1976年起，担任中科院高能物理研究所学术秘书，直至1990年退休。至于转出去的，像樊蔚勋1950年暑假后转到数学系，以后分配到南昌飞机厂，从一名对航空工程一窍不通的、基础数学本科毕业的，转行搞飞机，只用了三年零四个月时间，就成为国家正式批准的航空四级工程师。以后又成为飞行器设计专业博士生导师，先后带出十几名博士生，为国家做出很大贡献。他至今一直同我们班上同学保持着联系，自认为也是我们班的同学。

我们班毕业时，正是第一个五年计划前夕，所以相当一部分同学分配到生产建设一线，像发电组主要是分配到电厂和煤矿，所以很多人都是以总工程师或设计院院长等身份退休的；不像比我们高一个年级（1951级）的，出了4位两院院士以及1位总理；我们班唯一的、本来是铁板钉钉的院士候选人，也因“院士要年轻化”而被抹去。但是，除了至今未能联系上的4位同学外，可能工作中会有失误，但没有一人因触犯党纪国法获刑的。大家都可以理直气壮地说：自己的一生对得起祖国，对得起人民。

但在历次政治运动中，我们却不乏成为“运动员”的，其中尤以1957年的“反右”运动为甚。除了4名同学没有联系上外，目前了解至少有12名被错打成“右派”，超过全班同学总数的10%。即使有的较早摘了帽子，但仍然难以发挥作用，蹉跎岁月20年，最美好的年华，最富创造力的年华，就这样白白浪费掉了。

他们之所以会被打成“右派”，从另一个角度看，正是因为继承了清华的传统精神。清华抵制过国民党的党化教育，他们拒绝接受国民党的“党阀”来接掌清华，他们想为建立民主富强的新中国而贡献自己的一切。他们衷心拥戴共产党领导的新社会，他们希望他们所热爱的党好上加好，他们以为今日的共产党就像刘少奇的《论共产党员的修养》中所描绘的那样纯洁，听到党要整风，他们欢欣鼓舞，真心地帮助党去掉身上的污泥浊水，割除附在肌体上的毒瘤。但是，他们太天真了！共产党不是游离于尘世的乌托邦，共产党也是脱胎于旧社会的一个组织，也会有各色人士。于是好心变了驴肝肺，他们被“阳谋”所击中，虽然还不到万劫不复的地步，但也献出了极宝贵的青春年华！

“反右”后，同学之间不再有联系，唯恐再打成“小集团”。粉碎“四人帮”后，同学们重新联系上了。那时已有十几位病故或死于非难，但仍然联系上了七十多位。在积极分子周骞的建议下，成立了班级的联络组，联络组长先后由杨勤明和周贝隆担任。联络组开展了各式各样的活动。一是编辑《同窗寄语》。从1992年编印第一期起，到2008年入学60周年止，先后出版了5期，约110万字，既有往事回眸、缅怀故友，也有人生感悟、信件往来；更有夕阳生涯，互通近况。一些同学还定期在网上会晤，坚持到今。二是聚会与旅游结合。自1996年第一次组织承德避暑山庄旅游以来，已先后组织国内外大小旅游聚会17次，包括河南郑州、洛阳、开封之游，福建武夷山，浙江杭州，山西，北京怀柔，还有一些同学组团参加国外游。现在虽然都已届耄耋之年，但仍有好几位同学每年外出旅游。在一些有重大纪念意义的日子，如办毕业证50周年，入学60周年，以及清华百年校庆等，很多外地同学，甚至旅居国外的同学，也回来同庆佳节，由北京同学安排住宿场所，组织参观游览，大小会和个别交流相结合，大家各抒己见，尽诉衷肠，乘兴而来，尽兴而归。所需费用全由同学量力资助。

自然规律是不可抗拒的。1992年，第一次聚会时，根据当时统计，已有11人先我们而去，现在这个数字已突破四十大关。如果根据潘德恒同学提出的寿命公式，以我们班同学平均出生于1930年计，则N（去世人数）=120（X/100）的5次方。X为当年的平均年龄。以此推算，到2012年，累计走了39人，同实际情况相当接近；预计到2028年全部在马克思那里会面了。因此，吾辈同学，要珍惜现在，平平安安、快快乐乐地度过最后的时光。

毕业奔赴东北

在美丽的清华园待了4年，终于到了告别的时候了。1952年8月，学校宣布了毕业生的分配名单。那一年，是我国第一个五年计划前夕，大规模的经济建设即将开始，需要大量人才，因此，肄业3年的大学生也提前毕业，也就是有两届学生同时毕业。1948年入学的同学共400多人，1949年入学的同学可能多一些。两届毕业生加在一起大约近千名。这一做法延续到第二年，1950年入学的同学也提前于1953年毕业了，但到了1954年，又按正常学制4年毕业，那年就没有毕业生了。

那时的大学生，毕业后不愁没有工作，而且从中央到地方政府，都十分关心毕业生的情况，从思想教育到工作安排，都考虑得十分周全，使同学们感到很温暖。毕业前，北京市委、市政府同教育部联合举办毕业生的报告会，包括周恩来总理在内的中央领导和有关部委领导以及一些知名学者都给毕业生作过报告，城里是主会场，所有高校都在各校自己的礼堂收听。学生自己填志愿，绝大多数都是“服从分配”，有的就写“到祖国最需要的地方去”，这在当时，完全是发自内心的，都希望为即将到来的祖国建设贡献力量。当然，也有个别同学因各种原因，没有服从分配的，但以后也都有了工作。

在毕业分配前夕，组织上通知我已被批准为中共预备党员。几乎同时，也宣布了我的工作单位——东北工业部教育部门。

由于东北解放早，经济建设开始也早，因此，理所当然地成为新中国经济建设的前沿阵地。大批毕业生都分配到东北。东北究竟怎么样？除了极少数东北籍的学生外，大多数人心中无数。当时，东北人事部和工业部专门派来了干部，介绍东北情况。

那时，有一部苏联小说《远离莫斯科的地方》在学生中影响很大。中译本分上、中、下三册，描写的是苏联一群青年男女在冰天雪地的地方，建设输油管的动人故事。大家都怀着建设伟大祖国的美好愿望，希望也像书里面的主人公那样，干出一番惊天动地的事业来。

比我高一个年级的电机系校友张信传，他已分配到东北工业部的政策研究室工作。这次，他受东北工业部的委派，专门前来清华介绍东北工业建设的情况。他在新中国成立前是地下党员，一次国民党政府的教育部部长朱家骅来清华视察工作，遭到同学们严词质问他克扣教育经费和学生公费的行径，信传正好在朱家骅身后。第二天中央社诬称朱“被一群暴徒包围”，后来信传拿出这张照片给同学们看，不无自豪地说：“我就是其中一个！”于是大家就给他封了个“暴徒”的绰号。以后他还用“鲍途”的笔名，写了不少旧诗。

由于工作关系，他到过东北不少厂矿企业和建设工地，对东北工业建设有着切身的感受，而且他思维敏捷，文采好，口才也好。这次他和毕业班的学弟们见面时，讲到东北大规模建设那种热火朝天的情景，其意气风发、满怀激情的神情，也深深感染了我们。他当时还热情洋溢地表示，自己这几年要很好地结合工作，体验生活，争取在若干年后，也要写出像当时在青年学子中有很大影响的、描写苏联建设输油管的长篇小说《远离莫斯科的地方》那样的作品。他动情地说，希望学弟学妹们，到东北去建功立业，说得大家热血沸腾，恨不得立刻就奔赴生产建设的第一线。当然，也有些问题，现在看，简直是不可理解。譬如有的问：东北话是啥样的？能听懂吗？很多稀奇古怪的提问，说明当时大学生的闭塞。

我们去东北，是乘坐的火车，京津地区包了整整一列专车，这在当时可能是破天荒的，但和现在每年几百万大学毕业生相比，简直是无足道哉。拿清华来说，包括提前一年毕业的，两年合在一起的毕业生不过上千人，即使全部都到东北，也不够一列车（当时我们的“专列”全是硬座）。我们从清华园车站出发，到了前门，接上城里北大等校的毕业生；途经天津，又接上天津南开大学等的应届毕业生，直奔沈阳。

车上，按分配单位编成若干小队，我负责到东北工业部教育系统的小队。同学们意气风发，相互拉歌。抵达沈阳时，东北人事部一位姓柳的女处长（后来她曾担任东北工学院的副院长）和有关部门以及一些大厂矿的有关人员都来车站迎接。因为在分配方案中，已经具体落实到一些大的厂矿，所以像鞍钢、本溪、阜新、抚顺等沈阳附近的各大厂矿，就在车站直接把毕业生接走了。

我被分配去的单位是“东北工业部教育部门”，实际上就是东北工业部教育处。毕业生向教育处报道后，再由教育处分配到各个中专学校。因为，像哈工大、东北工学院等大学在清华分配名单中就具体点明了；而东北工业部有十几所中专，就统归教育处再分配了。来车站接我们的是东北工业部教育处的秘书科长茹平，是一位老干部，山东人，很豪爽，待人诚恳，他还兼教育处的党支部书记。他让我把带着的小队人员档案交给东北工业部人事处的干部科，当时的科长是承晋绪，1949年上海交大工商管理系毕业生，以后我们成为好朋友。他的夫人李桐华后来是我在冶金部教育司工作时的同事，也是我夫人李璀明的好朋友。教育处宣布了再分配的名单，绝大部分都分配到学校，把我留在了教育处，同时留在教育处的还有一位南开大学的女同学张浦珠，两个月后我们进关时，她可能因为恋爱对象在东北，没有随我们回京，后来就再也没有联系了。后来华东地区的大队人马也到了，教育处又分配到五六位大学生，霎时增添了一批新生力量。

我们住的单身宿舍，是日式建筑，一屋两室，有拉门隔开，榻榻米，有卫生间，有暖气，离办公室不远，条件还是不错的。

到教育处工作没几天，处长找我，说是当年分配到东北的大学生到齐了，东北人民政府要开欢迎大会，让我代表应届毕业生发言。原来当年分配到东北的大学生，主力军是华北和华东。华北先到，现在华东也到了，就基本算到齐了。但我从来没在这种大场面上登过台，连忙推辞。我说，我又不是总领队，只不过是带着一批分到学校的小队伍，还是请大领队来吧。回答是，他们都已分到外地去了，留在沈阳的不多。就是你做代表了。我也只好赶鸭子上架，勉为其难了。

那天大会，是在东北人民艺术剧院举行的。会上，东北人民政府副主席高崇民、教育部副部长邹鲁风、人事部副部长冯秉天等先后致欢迎词。简单介绍了东北经济建设情况，对大学生加以勉励。我和华东学生代表致答词，无非是表决心，一定要努力学习，积极工作，克服一切困难，做到全心全意地为人民服务，等等。由于我没有同华东学生代表见过面，发言前后也没交谈过，更不知道他的姓名。前些年，偶然在网上看到《东北日报》当年的报道，才知道华东学生代表是李岚清，是复旦大学毕业生，分配到长春第一汽车厂，以后在朱镕基任总理期间，他担任过分管文教的副总理，也是中央政治局常委。退下来以后倒是很潇洒，弹琴、治印、写书，俨然成为一个文化人了。

会后，由东北人民艺术剧院演出苏联名剧《曙光照耀着莫斯科》。这出剧反映了一家纺织厂内两种思想的斗争，对我们这些即将参加经济建设的学生来讲，很有启示。主角是李默然，当时就很有名气了，后来在电影《甲午风云》中扮演邓世昌，从此一炮走红。他曾担任过中国戏剧家协会主席。他提出了做人做戏的严格标准："台下认认真真、明辨是非地做人，台上认认真真、富有创新地演戏”，是一位深受观众喜爱的演员。前两年已经因病逝世。

但令人痛心的是，邹鲁风竟然在1959年的反右倾运动中，自杀身亡。邹鲁风是老党员了，原在东北大学读书，日寇侵华时，他参加了北满游击队，以后又参加了“一二·九”运动的组织领导工作。大区政府撤销后，他调任中国人民大学副校长、党委副书记和北京大学副校长。1958年年底，根据中共北京市委的指示，组成“人民公社两校（北大、人大）调查组”，由邹鲁风总负责。调查报告中，实事求是地反映了严重存在的“浮夸风”“穷过渡”“瞎指挥”“高指标”“共产风”等，于是他被诬为“恶毒攻击三面红旗”。他经不住残酷的批斗，在北大溺水身亡。其实，在当时因言获罪，因说出事情真相而获罪，以致命归离恨天的，又岂止邹鲁风等人！

在沈阳只待了两个月。这两个月里，调换了两次工作，到学校出差两次。

刚到东北工业部教育处时，根本不清楚教育处是干什么的？报到后，听老同志介绍，主要管理东北工学院、大连工学院、哈尔滨工业大学3所大学，以及十几所中专。东北工学院的前身是张学良创办的东北大学，但现在的校舍是完全新建的。当时，东北工业部经济上比较有实力，几位部长又重视办教育，对学校建设舍得投入。吕东副部长原是东北大学的学生，自然对重建母校分外热心。学校建设气势宏伟，几个系馆各有特色，记得机械馆几根罗马式的圆柱，很有气派；建筑系则更是发挥专家、教授的特长，建筑别具一格。这样的建筑群，在当时关内很少见到。首任院长是靳树梁，生于1899年，著名冶金学家、炼铁专家，1955年首批中国科学院学部委员。抗战时他曾任资源委员会威远铁厂（现威远钢铁公司前身）厂长，抗战胜利后，又先后任职于鞍钢、本钢。1950年，靳树梁调任东北工学院院长，一级教授，并亲自担任建校委员会主任。靳树梁担任东北工学院院长14载，把东北工学院办成同北京科技大学（原名北京钢铁学院）齐名、国内一流的以冶金为主的多科性大学，现在冶金界的很多学术权威、技术权威都出于该校。在教育司期间，我曾多次同他接触，为人敦厚谦逊，有长者之风。1964年7月5日靳树梁病逝于沈阳。大连工学院我没有去过。大连工学院校长屈伯川在开会时我见过，是位留德的博士。哈工大是新中国成立后学习苏联办起来的。1951年4月19日，教育部党组给中央政治局的报告，规定哈尔滨工业大学的办学方针为："仿效苏联大学的办法，培养重工业部门的工程师和国内大学的理工科师资。"教学改革的方向，是采用苏联学制（本科五年）、苏联教材、教学方法，从1951年起，开始直接从苏联聘请专家来校授课。

至于中等专业学校，当时也颇受重视，招收初中毕业生，学制三年，对解决大规模建设人才的短缺起到很大作用，颇受厂矿欢迎。教育部还设立了中等专业教育司来管理这类学校。东北工业部最老的中专是吉林电气学校，教育处不少干部都来自该校；还有沈阳机械学校，历史也较长；此外，在各个工业城市，如鞍山、本溪、阜新、抚顺，都有相应的中专；在省会城市，则建立一些通用专业的中专，如长春有地质学校、建筑学校、财会学校；哈尔滨有测量学校、建筑学校等；沈阳还有一所有色金属学校。

我到教育处后被分配到中教室，主管中专的教学管理工作。老同志首先介绍了学习苏联、进行教育改革的情况，还介绍了一本苏联教育家凯洛夫《教育学》的中译本，于是我就到新华书店购买。我是第一次接触这类书籍，这本书包括总论、教学论、德育论和学校管理论四个方面，我越看越有兴趣，原来教育有这么大的学问啊。看来清华学的专业是用不上了，既然说祖国需要就是我的志愿，那就老老实实地从头学起吧。参加工作后的第一个月，就有半个月左右时间跟着老同志去了两趟学校，也算是初步体验吧。

当时，东北出差，要随身带“关防”，大约是八开大小的纸，现成的规格，盖了东北工业部印章，填上持证人姓名，出差地点，要求沿途军警准予放行等，也就是通行证吧。我不知道其他地区有没有？按说，东北解放早，社会治安应该比关内强吧。其实，一路也没有用上。以后到了北京工作，出差就没有用这类东西了。

在中教室待了一个月左右，就调我到计划科。当时计划科科长刘庆之已作为先头部队到北京筹备去了，可能是考虑到计划科没有党员干部，就把我调到计划科，并交给我一套《东北工业部第一个五年计划草案》，封面上打着“绝密”两字。想到组织上把如此机密的资料交我保管，是对自己的莫大信任；看了材料，更是热血沸腾，第一个五年计划期间，东北要建设如此众多的钢厂、电厂、煤矿，还有汽车厂以及各种轻纺工厂等，大规模建设的蓝图就展现在面前，自己一定要奉献自己的一切，为祖国的建设添砖加瓦。

重返北京

我们毕业时，全国行政区划分为六个大区，即东北、华北、西北、华东、中南、西南。在中央人民政府领导下，各大区都设立了人民政府，东北人民政府主席是高岗，他也是中央人民政府副主席。我们到东北时，第一个五年计划即将开始，中央为了加强集中领导，决定撤销大区政府，将五大地区最高领导人高岗（东北局）、饶漱石（华东局）、邓小平（西南局）、邓子恢（中南局）和习仲勋（西北局）先后调到北京担任中央机关和国务院的领导职务。东北工业部也成建制地并入中央重工业部，对重工业部内部机构设置也做了调整，除了部里若干职能司局外，还设立了钢铁、有色金属、化工、建筑材料四个工业管理局。东北工业部的部长、副部长就成为中央重工业部的部长、副部长，从这种安排中也可看出东北工业在全国的地位。因为，当时其他大区的工业部长调到北京，正职都安排为副职，像华东工业部部长汪道涵调到中央机械工业部，就是副部长。与此同时，东北工业部下属的“处”到中央重工业部就升格为“司”。原来的处长水涨船高，一般都成为司局级干部。

于是，在10月底，我在告别北京才两个月后，又重返北京，成为中央重工业部教育司的一员。原先的东北工业部教育处处长闫沛霖和副处长王静野、黄明分别担任重工业部教育司的司长、副司长。闫沛霖曾在延安自然科学院工作过。他给我的印象是一位忠厚长者，对下属从不疾言厉色，而是循循善诱。他在重工业部教育司工作的时间不长，就调任中国科学院电子所所长。当时，黄明副司长兼党支部书记，他很有亲和力，大家愿意和他谈心。他有神经衰弱症，经常晚上在家一个人开着唱机，自己独自跳舞，后来也约我们一些年轻人到他家跳舞。我就是在他家学会迈开腿的。1958年，中央为加强高校领导力量，将黄明调任西南师范学院党委书记。20世纪90年代我去成都出差时，曾到他家看望。他去世后，他家属给我寄来一份资料，才知道他是抗日战争期间中共上海地下党的文委书记，曾同潘汉年、刘长胜等同事。但这些事，他在教育司时从未透露过一丝一毫，可能受当时对地下党的评价有关。

这样几千人的大队伍进京，后勤工作是个大问题。虽说老重工业部在东交民巷有栋办公楼（以后曾是北京市公安局的办公楼），但仍不敷所需；至于宿舍，更是没有影踪。多亏先期来京的筹备人员，多管齐下，采购私房，租用客栈，加快建房。新中国成立初期，有些有钱人家外跑，房子不值钱；再加东北工业部财大气粗，很快就搞定一批房子。据说当时从东单到东四，每条胡同都有重工业部的房子，其中一些过去达官贵人的大四合院就作为办公室；有的分别作为家属宿舍和单身宿舍。1976年我从外地回到冶金部时，住的东堂子胡同宿舍就曾是当年冯玉祥的公馆，前后三进，从进门到后院，都有带廊檐的回廊，淋不着雨。但1952年回京时，却没有这样好的条件，教育司的员工都住在前门外一家客栈里，一个通铺睡好几个人，早出晚归，看书、记笔记都不方便。至于办公地点，在沈阳时，由于东北工业部办公大楼场地不够，教育处就在附近一座独立的二层小楼里；到了北京，情况依旧，重工业部主楼面积不够大，一些司局就在外面租房办公，教育司就租用了协和医院北面的基督教青年会二楼作为办公室，一楼是红星电影院。当然，这非长远之计。部领导就下达指令，调东北一个建设公司来京，选定安定门六铺炕作为重工业部的家属宿舍基地，很快建起了20多栋三层楼房，其中包括男女单身宿舍各一栋，后来我们就都搬到安定门宿舍去了。

刚参加工作，一腔热血，只想尽快熟悉业务，做好工作，报效祖国，业余时间，就抓紧学习。但周围环境不尽如人意。在东北工作时，看到一些老同志（其实年龄并不大，只是比我早几年参加工作而已）业余时间，经常打牌、玩麻将，或是逛大街，有时还找我一起玩，我都婉言谢绝，有人就认为我是“脱离群众”。到了北京，住在客栈，更没有学习条件，那时有位处长也嫌晚上回客栈不方便，就干脆自己搭铺睡在办公室，我就照此仿效，把几张办公桌一拼，就是床。既节约了时间，又有很好的学习环境，更不妨碍别人。没想到这竟成为我的一大错误，是“无组织，无纪律”的表现；连同上面所说的“脱离群众”“孤芳自赏”“骄傲自满”，因此我没能在1953年8月27日如期转正，而是以支部讨论通过日期，1954年3月17日作为我转正日期。

用土办法来测算所需各类专业人员的比例关系

1952—1964的12年，我一直在教育司工作，只是部门有所变动罢了。1952—1956年是重工业部，1956年重工业部一分为三：在原先化工局和建材局的基础上，组建化学工业部和建筑材料工业部；而将钢铁工业局和有色金属工业局合并组成冶金工业部。我留在冶金工业部。此后12年，直到1964年我调入冶金部政治部为止，也就是从20岁到32岁的12年，我就没有离开过这个部门，但在教育司内部，也经历了几个不同岗位。

到北京后，我还是在计划处，负责学校建设、专业设置、招生计划等。刘庆之是负责全面工作的副处长。还有一位管统计的副处长名叫高玉章，他是长春会计专科学校统计专业毕业的，曾担任过学生会主席，后来调到部长室担任王鹤寿部长的秘书。

面临大规模经济建设即将开始，各方面急需人才，国家新建了一批高等院校。我在清华上学时，就看到同方部附近墙上，有“北京钢铁学院筹备处”的标牌，同时兴建的还有北京矿业学院、北京航空学院、北京地质学院等所谓“八大学院”，都是以原有的清华、北大、北洋大学、北方交大等学校的部分院系调整重组而成的。清华原有的文、法、理、工、农五大学院，只剩下工学院，北大的工学院基本上并入清华。清华的航空系就是北京航空学院的基础。这是当时在教育改革上学习苏联的成果。尽管当时清华的教授和有识之士颇多质疑声，但在学习苏联“一边倒”、批判“崇美亲美恐美”的大潮流下，这些声音不仅起不到什么作用，反而成为以后批判的靶子。

对各个业务部门来说，是欢迎这种改革的。因为今后各部就都可以有自己所属的高等院校了。这时，东北工业部的三所大学，也都做了调整。哈工大、大连工学院先后划出去了，东北只剩下东北工学院属于冶金部管，但关内新建了北京钢铁学院，以后又在长沙成立了中南矿业学院，再以东北工学院的建筑系为基础，合并其他大学的建筑类院系，成立了西安冶金建筑学院。这样重工业部就有了东、南、西、北四所重点大学。以后一些老中专逐步升级，先成立专科学校，几年后又升格为大学。

至于中专学校，东北工业部撤销后，除了专业性很强、不属于重工业系统的学校（如阜新煤矿学校）划给了中央其他有关部门；具有共性的，像建筑、地质、测量、财会等，都留在了重工业部；此外，又接收了关内一些学校，像原北京高等职业学校就改名为北京钢铁工业学校（现为北京北方工业大学），太原工业学校改为太原钢铁学校等；在此期间，我还从教育部一份文件中了解到有些地方准备把所属中专学校交给中央有关部门，但这些学校所设专业基本上同重工业无关，其中有一所宁波财经学校，是新中国成立前创办的，应该说基础还是不错的。财经类专业，今后哪个部门都是需要的。当时重工业部只有长春一所会计专科学校，我建议把这所学校要过来。司领导很赞同这一意见，让我起草报告呈送部领导，很快，部领导就有了反馈，支持这一方案，并立即向中央有关部门报告，把该校转给重工业部，以后该校迁到浙江建德，一直留在冶金部，为冶金系统培养了不少财经干部。此后，随着大型钢铁或有色金属工业基地的建设，相应地在当地都建起了中专学校，像武汉钢铁学校、包头钢铁学校、长沙有色金属学校等。1954年，重工业部还没有分家时，部领导提出，为适应重工业发展的需要，再新建几所中专。我们提出了新建三所中专学校的方案：一所是钢铁，另一所是化工，还有一所是动力。在那次部党组会，我列席参加了，这也是我在教育司期间唯一的一次列席部党组会。党组会讨论时，没有什么异议。但学校建在哪里？有不同意见。最后王鹤寿部长一锤定音：要建在文化底蕴厚、人文素质高的南方地区，确定上海建冶金学校、杭州建化工学校、南京建动力学校。但学校建成后，随着中央国家机关机构调整，学校领导关系也随之调整，最后只有上海冶金学校留在冶金部。

当时强调国民经济要“有计划按比例”。那么，这样大规模建设究竟需要学校培养多少人？各个专业所需人员之间有无一定的比例关系？同一专业的大中专生的比例如何恰当？这些不可能有现成的答案。当时，我从部机关图书馆找到一本苏联冶金系统中等专业学校的俄文小册子，内有各校所设置的专业名册。在校时，我没学过俄文，于是就找来一本《俄语速成教材》进行自学，由于这本小册子没有复杂的文字说明，所以我很快就能凭借字典阅读这些资料了。我把苏联这些学校的专业一一罗列，从中发现一些带有规律性的东西。譬如，过去想当然地认为钢铁学校主要是设立炼钢、炼铁、轧钢以及采矿、选矿等专业，实际上，苏联很多钢铁学校都设置有机电类专业，甚至有的钢铁学校是以冶金机械类专业为主。

那么，在实际使用上，情况又如何呢？当时，苏联援助建设的156个建设项目都有初步设计书，其中有一卷是人员配置。我就到设计司借阅，进行统计分析。然后，再同钢铁局干部处的同志一起到鞍钢进行实地调查，了解现有各类人员所需情况。最后结合干部司提出的人才需求情况，把这些资料综合在一起，形成了一张大表格。就是凭这些土办法，找出了各类专业人员需要情况及比例关系。据此，调整了学校专业设置和招生计划，使其比较符合客观需要，特别是增大了机电专业的招生比重。

现在回想起来，当时我既没有经过什么培训，也没掌握一些必要的数学工具，就是靠这种土办法，得出了基本正确的结论，自己还是感到挺欣慰的。

学于天地间

薛传钊

我出生在上海，但不到四岁就离开了。随着父母工作的变化，我也跟着他们在不同的城市停留。

1937年“七七卢沟桥事变”给我们的国家，以及每个家庭带来了震撼和灾难。那个时候，尽管我不会看报，也不懂得为什么要打仗，但战争的苦难在我幼年的脑海里留下了永不磨灭的创伤。对一个只有七岁的孩子来说，只能从被打破的日常生活中去体会时局动荡给家里带来的苦难，从感性上去认识日本帝国主义、日本强盗发动的残酷侵略战争，是怎样无情地打击着我童年的心灵。

我经历了从汉口到广西、广东、贵州、四川的逃难之路，所幸的是，在逃难的过程中也勉强维持了学业。

1949年春，我在广州培道女子中学读高中的最后一个学期。由于广东解放在即，学校提前结业，准备迁往香港。学生还没有结束一个学期的学业，也只能离校了。4月，我也随父母到香港姑妈家暂住。姑妈已是65岁的老人了，还在银行打工谋生。她考虑到我们家住在广州东山沿街的房子，怕在战争过程中会遇到不测，所以坚决邀请我们全家到香港暂住，待安定后再回去。但她家生活也十分艰辛。晚上，我们一家只能在她家阳台上搭铺，白天各自都在盘算着如何过日子。

奔赴解放区

我也算是个“高中毕业生”了，但没有专业工作能力，找工作屡屡碰壁，继续上学又没有财力。在香港晃荡了近三个月，没有头绪。闲来无事便常往住在同一条街上的同学家串门，或参加编辑我们班上的同学录，或闲聊各自的处境和设想。这时，听说有些大学生要到北京（当时仍称北平，新中国成立时改称北京。本文一律用北京）、上海等地返校上课。当时，解放战争在华中一带向南推进，从南往北的火车早已停驶，只能从海路走。但海上客运也没有开通，只有货运轮船越过封锁线，往来于解放区和香港之间，也就是说船要驶进公海，穿越山东沿海的封锁线才能进入新中国成立后的天津港或其他地区。这条航线有很大风险，也不公开对外，但只有这一条路可走。暑期即将结束，一些急于返校的大学生都在打听如何才能找到门路弄一张船票。我听了以后很想随他们一起北上求学或找个工作。我这个决定并没有同家人商量过，因为我们家在北方没有任何相识的亲友，途中又不安全。一个女孩子单独出远门，又没有钱，风险是可想而知的。我相信家人不会同意此举。正巧，我父母已往广东保安县朋友家治病并找工作。我就同姐弟们暗中商量。当时我们都有一个共同的信念：解放区是爱惜人才的地方，不会让青年学生饿死；只要有机会、有勇气，就可以走。但是我最大的困难就是缺钱，甚至连一张船票钱也凑不起。考虑再三，我决定把实情告诉同学，如果他们能帮助我，就走；不能，就作罢。

大概是1949年7月22日，我在培道高中同学陈兆容的父亲弄来了三张第二天出发的船票。其中一张是送给我的，另外两张是为他的两位去上海医学院就读的女儿购买的。他告诉我们，这是一艘为解放区送货的轮船，叫“海洲号”，这次是运送药品。我们只能待在甲板上，要度过七天七夜才能到天津港。货船要沿着公海北上，要偷越山东省长山岛的封锁线，才能进入解放区。陈伯伯要我们轻装上船，沿途要听从船上负责人的安排；他还说途中会有惊、有险，一切要沉着、镇静应付，做好思想准备。我既紧张又兴奋，临行前才告诉姑妈和叔叔。他们先是劝阻，但见我决心已下，而且他们都是年轻时漂洋过海的人，所以什么也不说了。姑妈尽力找出20港元，叔叔摘下手上的结婚金戒指，放在我手中，郑重地叮嘱了我一番。我也感到手中握住的“心意”实在太重了，也听不清他们在跟我说什么了。当天下午，姐姐、弟弟和同学都到码头来送我们三个登船启程，我手里只提着一只小小的纸箱。我什么话也没有说，只默默地想着自己将来在北京会是什么样的？但又想到父亲不是16岁也只身漂洋过海到日本谋生，后来又到美国读大学的吗？现在我还比他当时的年龄还大两岁，应该有自信才行。我就这样自己鼓励着自己，踏上了孤身北上的求学之旅！

穿越封锁线

我们待在甲板上的旅客有一二十人，大部分是年轻的华侨。有来自印尼的、东南亚的，好像多数是港澳和广州来的学生。船上单调而平静，每天供应有限的饮用水和三餐简单的饭菜。我们天天躺在甲板上看着一望无际的晴空，周围看不到船只，更看不见陆地。天连着水，水连着天；除了浅蓝色，就是深蓝色；除了深蓝，还是浅蓝。但能看到旭日东升和夕阳西下，好让我们数数度过的日子。大概看了五次落日了吧，船上的水手突然慎重地告诉我们甲板上的所有乘客，说今晚半夜就要过封锁线了，要求大家一定不能发出亮光，手电筒、火柴都不准用。大约要两三个小时才能冲过封锁线。他们要我们白天抓紧时间休息，晚上要提高警惕、不能睡觉。立刻一阵紧张空气袭来。其实白天谁也睡不着，就等着半夜来临。大家既紧张又好奇，有的乘客竟在默默做祷告，有的把重要物品塞进贴身衣袋，有的看好放救生圈的地方……终于挨到了半夜，船上所有灯光都熄灭了，也不知是几点钟，大家都挤坐在桅杆的周围，船以最快的速度全速前进。不一会儿，远处出现几束探照灯的白光，不停地在摇晃，是在“搜索”，是在“扫射”，令人煞是紧张。我们似乎是屏息着，凝视着那不停晃动的“白光”，盼着它不要扫到我们的船。据说曾经有过被搜捕到的船，结果如何并不清楚，我们也不想知道，只想这次平安无事就好。一个多小时过去了，船离那恐怖的探照灯光相当远了，大家才舒了一口气。直到完全看不见一束“白光”之后，船的行驶速度才转入正常，但船上仍然是漆黑一片，直到天亮。甲板上的年轻人一个个已经平静入睡，紧张的一夜总算过去了。原来，越过封锁线也不过就是这么一回事！

然而好景不长，经过一整天的航行，将临傍晚，突然乌云密布，大风骤起。风似乎越来越大，船也开始颠簸。船上的水手们不知在甲板上忙乎什么，来回走动着。最后有人告诉我们，已接到通知，晚上要遇上九级飓风。船会颠簸得很厉害，大家要做好准备。只能让少数人挤进舱内，其他人都要留在甲板上。他要大家穿好衣服，有雨衣的穿好雨衣。救生衣也没有多少，只能用绳子系好在桅杆上，另一端供大家急用。他要求每个人的手一定要抓住固定物，重要的东西也要放好。因为大家是在甲板上，一不小心就会卷进海里。我们紧紧围坐在甲板上，任其颠簸，任大风和浪水拍打，就是坐着不动。但大家感到确实很冷，很不舒服。已经有人在呕吐了，我还拼命地屏住气，但也开始晕船了。我从未有过这样的经历，只能咬紧牙关坚持住。九级飓风对有经验的水手来讲还不算太大的困难，但对我们是一场意外凶险的经历。经过一夜的折腾，也够我们这批青年人身心疲惫的了。天亮之后，船方平静地行驶着。水手们说为了避一下飓风，还要补充一些淡水和粮食，船已驶向韩国的仁川港，但乘客不能登岸。大概还要有两天两夜才可以到达目的地。在船上，我们远远望见了各种大大小小的船舶停在港口，陆地上还有不少破旧矮小的房子。我们就这样边休息边摊开晾晒着又湿又涩的衣物。最后几天只有很少的饮用水、糙米和咸菜，这大概就是仁川港提供的补给吧。我们顾不上这些，只是焦急地等待着天津港出现在眼前。

经过九天九夜的“甲板生活”终于到了天津港。上岸后，海关把我们所带的衣物非常仔细地检查了一番，就算过关了。我们打听好天津火车站的地点，就立刻乘火车去北京。

燕京一年

陈家的两姐妹，我本来不认识，但经过九昼夜的同舟共济，都已成了互相关照的好朋友了。她们在北京和北京的大学里都有熟悉的亲戚、朋友，所以她们一到北京就可以得到亲友的安排。不知出于什么考虑，她们之中的大姐陈兆庄决定留在北京重新考学，另一位则南下去上海医学院继续上学。当我们知道南下工作团刚离开清华大学，学校的宿舍很空，可以“免费”住一下时，就立刻到清华大学女生宿舍，找了一间空房，借了被褥就此安顿下来。翌日，就去打听学校是否还有可能招生，因为1949年是特殊的一年，许多学生因为战争、交通等原因没有赶上入学考试。一些大学也没有招满名额，所以才有第二次招考。但不幸的是清华报名日期已过，当天正在城里北大的教室考试。经过说明情况，清华还是特许我们赶进城去参加考试。可能由于旅途的劳累和心境过于紧张，我没有考完所有的科目就退出了考场，当然没有被录取。大概一周以后，知道燕京大学有第二次招生，我本来想学医，但考虑到“热门”系科粥少僧多，未敢报考，才选报了社会系。由于这次考试对我来讲是太重要了，另外，这时身心也有了恢复、好转，而且在选择专业时也比较谨慎、现实，就这样，我比较平静地考完了所有科目。

当我知道被录取后，深深地舒了一口气，心中掉下了一块石头。第一件事就是赶快从清华女生宿舍搬到燕京女生宿舍。但是吃饭问题还没有解决。我起先并不知道燕京大学是私立大学，尽管燕京同清华是同时解放的，但它还不能像清华大学那样对贫困学生发助学金。我向学校说明情况后，也只能安排我干一些零工挣一点零用钱，如刻钢板、油印一点资料等，机会也很少。但不管怎样，没有让我交学费。每月的伙食费只要七八元，在燕京就读一年的时间里，我只交过一两次就一无所有了，绝大部分是陈家的大姐姐和一些我并不知道姓名的同学为我交的。总之，我在燕京虽然很困难却从来没有挨过饿。在开学之前，一些清华和燕京的广东同学经常相约到北京的名胜地去游玩。当然我也想去，但没有财力不能去。不过，大家都知道我的处境，都来热情地招呼我，叫我不要管费用的事，一块走就是了。广东人在海外，一直是讲同乡之谊，讲究互助、助人的。这我早有所闻，在北京的那段时间里，也深有感受。长期以来，我一直由衷地感谢这些广东同学和其他同学，他们在我最困难的时候，给予我最大的帮助和关爱。就这样，我下决心踏踏实实地留在燕京上学了。

1949年8月—1950年8月，我在燕京大学（注1）社会系和经济系学完了大学一年级的全部课程。

燕园的一年，给我留下难以忘怀的日子。这是让我开阔眼界，经历转折，迅速成长的一个关键年份。它赋予我为人、为学、为民的基本教育，又让我亲身体验和尝试到翻天覆地的变革历程。55年后的今天，我蓦然回首，这一切仍历历在目。在我年过古稀的岁月里，尽管拙笔写不出当年的激情和全部彩霞，但如再不努力去追忆，恐怕那些美好的往事很难再留得住了。这就是我写这篇回忆文章的缘由吧。

燕园的环境真让我十分陶醉，不仅有未名湖的湖光月色，连水塔也建得那么美。所有的教室、宿舍、图书馆、体育馆、办公楼的建筑群都是古色古香的。中西合璧、雅致精美、错落有致，衬托在密密的树丛中。校园里花草树木，精巧的亭子、小阁，搭配得体，就像生活在花园里。我特别钟爱的还是我当年所住的女生宿舍，不是很高的二层楼，所有的墙面被绿色——秋天又变成红色的“爬墙虎”盖得严严的。当你坐在房间里的书桌前，偌大的明亮的玻璃窗，正对着一片长满各色鲜花、披着碧绿的草坪。透过玻璃洒满了温暖的阳光。房间简朴、舒适，两个人一间房，书桌、衣柜、钢丝床——还带着垫褥……生活所需的一样也不缺。也许因为我从来没有住过那么舒适、宽敞的房子吧，使我感到由衷的满足和意外，甚至我会怀疑“这是我该来的地方吗？”更使我好奇的地方，说来会叫人发笑，那就是盥洗室的灯，竟会是一关上门就亮了，一打开门就灭了。我仔细地观察着门上的合页，来回开门、关门，玩了许久才肯罢休。没想到学生宿舍里每一层楼还有两间不小的厨房，那里有一排洗衣用的、高矮适中的缸，还有搓衣的洗衣板，放水的笼头和排水的地方都那么方便。当然开水炉不在话下，随时有开水供应。还有熨衣服用的烙铁和桌子，也有可以供大家煮饭做菜用的灶和炊具。北京学生中大部分从家中带菜，这个厨房就可以供大家热菜用了，真是应有尽有。一楼女生宿舍也不算太大，住不了多少人。楼下有一间会客室兼阅报室。过去学校的规矩是男士不能进女生宿舍的。凡有男士来访，舍监——宿舍的管理员，总会在盘问后，请他们到会客室等候接待。这个规矩到新中国成立后一年多才改过来。楼上设有一间不大的饭厅，供住在该宿舍的学生就餐。每逢周末，校门外经常会停着一些小卧车，是为接各家的“公子”“小姐”回家的。在1949年的条件下能乘小卧车的人家真是寥寥可数。从以上的描述，可以看到当年一间由美国基督教浸信会在旧中国办的这所私立学校，确实有一股“洋气”和“贵族”的气氛。全校人数一般300～500人。我想在经济不发达的国家里，有这样条件的私立学校为数甚少。对于一个出身贫寒的女孩子来说，我有机会看到和亲自体验到这一切，感受极为深刻。

在这样的环境下，就像生活在“世外桃源”一样，是那样地宁静，是那样地优雅，真是读书的好地方。我经常一早起来，到宿舍楼外的院子里，可以在任何一棵大树下静静地坐在那里。一边听着树梢的鸟鸣、听着钟亭定时传来的报时钟声，一边翻开每天的功课、专心致志地开始自己安排的晨读。大概有一个小时（当时我没有钟表），才缓缓起身跑步，做深呼吸后，再回到饭厅进早餐。随后，便开始一天的课程。一般上午排满了主课的课程；下午则安排一些辅导课、讨论课、旁听课，或者是一些课外活动；晚上经常是在图书馆里度过的。也许是因为刚踏进大学的门槛，一切对我都是陌生的。连上课的习惯也变了，觉得最新鲜的是学生没有固定的教室，而老师却有固定的课堂。一下课学生就要快步甚至要跑步赶到别的教学楼去上下一节课。第二件新鲜事是没有课本，每个教授像是在发表一篇长长的演讲，讲完之后，由助教告诉大家一大堆参考书。到一定时候就安排辅导课或讨论课，一般都用主课课时之外的时间。第三件新鲜事是70分及格，分数按5分、6分、7分、8分、9分判定，5分是70分，9分是满分，1～4分是不及格。一般一个班的学生很少，社会系一年级只有五名同学（陈帼眉、陈兆庄、薛传钊三个女同学；徐承沛和贺宝晏两个男同学），高年级同学更少。我们这个系大概老师比学生还多。似乎燕京提倡“宝塔式”的教育方针，优胜劣汰，越是高年级学生越少，成了尖子。因此大家都比较用功。

我记得一年级的课程有：中国社会史，是翦伯赞[注2]老师讲授的；沈志远[注3]教授讲政治经济学；政治大课的老师不固定，一般请社会上的名流在大礼堂里讲授，然后分成小组讨论；还有外籍老师教授的英语（半年）和体育课；下学期还有初级会计课（半年）。由于自己的偏好，还旁听了西洋音乐史的课程。这样，一周的时间就被安排得满满的。

在开始的一段时间里，因为学习的方式方法变化较大，我一方面非常兴奋地去尝试着一切新鲜事物；另一方面也感到非常紧张，不很适应。譬如说，我当时感到最困难的是如何学习参考书。记得第一次到图书馆借参考书，一借就是八九本，心想一门课一堂课就有这么多书要读，怎么能看得完呢？就算看完了，又怎么能记得住呢？我的阅读速度向来就比较慢，确实把我难住了。但我想上大学的新生都会碰到这种问题，何不去请教一下高年级的同学呢？经过请教，才知道他们各自都有一套读书的方式和方法。有做卡片的，写提要的，摘目录的等。看来还是要结合自己的情况，但勤快、动脑、动手是必不可少的。这使我深深感到在大学的学习，最主要的是自觉、独立思考、理解和记要点，这些非常重要，可为今后工作、学习打下基础。这是在大学里受教育的重要目的之一。回想我一辈子里，在燕京这段学习给了我很大裨益。通过学习不仅学到了知识，还掌握了一套学习方法，并通过学习引起兴趣，不断去探索。

翦伯赞教我中国社会史

我不能忘怀的课程之一，就是翦伯赞老师的中国社会史的讲授方法。他能把每一阶段的社会状态，从政治、经济、文化等不同的角度来描述，当然还要讲述一些史实加以说明。因为没有课本，我比较注意做笔记。讲到一定阶段则组织讨论，一般由他亲自来主持。我记得第一次参加讨论时，人数不多。他要求每个同学在每个阶段听课后，要将自学中存在的问题都提出来，似乎希望每人都要提出一两个问题。学历史，一般地讲，很少有听不懂的问题，重要的是要求每个人开动脑筋去想、去理解并从中发现问题。当时我真不知提个什么问题好，迫于无奈，挖出一个莫明其妙的问题："从猿到人，是先直立起来用手劳动的呢？还是先会用手劳动，再直立起来的呢？”“怎么证明人是从猿演变而来，而不是两种不同的品种呢？”老师立刻笑着说：“哈哈，她提了一个先有鸡还是先有蛋的问题，大家讨论吧！”每次讨论会，他都要求大家提问题、发言，然后由他做总结。这样的讨论会使我深知：必须认真去消化课堂上的内容，还要参阅一些资料之后，才能提出像样的问题。平时讨论的问题我已经记不清楚了，但第一次讨论会使我留下深深的印象，促使我认真地去对待这门课程。不管怎么说，这种教学方法在中学里是没有经历过的。新中国成立后一般的学习讨论会是比较常见的，所不同的是并非所有讨论会都像翦老师主持的那样，参加的人从老师到同学都那么认真，而且都能敞开思想进行探索。时间长了，习惯了，探讨的问题就更宽广、更深入。有时我们会讨论划分封建社会（或奴隶社会等）的依据是什么？为什么历史时期的划分总是以朝代、君王为界线？劳动人民创造历史在历史书中如何来体现？……除了在讨论会上能探讨学习中我遇到和想到的问题，每次考试的题目也是充满了探索学术的气息。一年的课程，确实使我学会了许多知识，学会一些研究问题的方法，学会了一点治学的应有态度。这都是翦伯赞老师带给我们的。我不仅对这门课产生了兴趣，而且对翦老师的博学多闻，以及他那种平易近人、谆谆教导、启发式的教学方法留下了难忘而深刻的印象。对他的治学、教学态度更是由衷地尊敬。他宅前有几棵桃树，当桃子熟了的时候，他都会约请我们这几个学生到他家聚会聊天，或一块尝尝新鲜的桃子。一年学习结束时，我整整做了两大本笔记，还有一些大幅图表。翦老师看了很高兴。他为了编写新书，向我借走了全部笔记和图表。当然，我非常乐意为他做一点对他有用的事情。我后来也没有想到问他取回来。现在，我们每一想到这位大师级的恩师在文革中的悲惨遭遇，就免不了黯然伤神。

体育和音乐史的陶冶

还有两门课也使我难忘。一门是体育课；另一门是旁听的西洋音乐史。体育课并不算主课，但体育不及格是万万不行的。对大学一年级的学生还有一条规定，不能按自己的兴趣选修体育课（体育课还分成不同的球类课和田径类的课），只有修完规定的内容之后，才能再选课。当时体育课是男女生分开上课的。在第一次上课之前，老师要对每一个新入学的女生逐一检查其形体状况。譬如有驼背、驼腰的，有内八字或外八字脚的，有O型脚的，有行走时脚跟偏右或偏左的，有行走起来手脚摆动不协调的，有凸肚、耸肩的，等等。总之，检查清楚之后，告诉本人注意纠正。纠正的方法是每人要参加半年机械操，做有针对性的锻炼。机械操的课程是比较枯燥、乏味的，而且比较吃力。有时一个动作要反复多次才能学会，学会之后还需操练多次，一节课下来往往大汗淋漓，十分疲劳。半年下来我不知道是否达到健身和矫形的作用了。不管怎么说，这门课让大家掌握了一些有针对性的健身方法和锻炼合作力，有节奏的协调活动，也是终身受益的。半年机械操结束后，就是半年舞蹈课训练，仍旧由教机械操的外籍老太太来给我们上课，还有助教和琴师协助。每节课都是在琴声中、在老师和助教的示范下进行的。课程内容非常丰富，从欧美不同国家（有代表性的主要国家）在不同时代里的宫廷舞和各种土风舞，一直到中国传统的民族舞蹈。每节课都要教好几套舞。在示范之前总会简要介绍一点舞蹈的背景、舞姿的要点，然后一边示范，一边让大家紧跟着、模仿着，提醒着要点和纠正着错误。说实在的，要全部学会、记住是不可能的。只要能把突出之处留下一点印象就不错了。看来，这个课程只是告诉学生们舞蹈的内容是丰富多彩的，是不同民族、不同国家文化的反映，非短时间内可以学会的。在大学里设置这样的课程也许是属于一种修养课，用意在于培养学生对形体美与节奏感的认知与体验吧。

西洋音乐史是一门我自选的课程。我住的宿舍离音乐系的教室和琴房很近，经常可以听到音乐系的学生练习乐器的声音，特别是夜深人静时悠扬的琴声，常常使人听得入迷。我自幼就有爱听音乐的偏好，不懂但爱听，听了美好的旋律之后，还会在脑海里回旋。这次，难得有这么好的机会让我去听课，而且有这么好的老师来“扫盲”，我何不自选一门“科普”式的课程去熟悉它，去了解它呢？因此下决心去旁听了。它是照着西洋音乐发展的历史过程，介绍当时的音乐家，主要是一些有代表性的著名作曲家、演奏家、歌唱家、指挥家、乐队等的生动情况。因为属于音乐普及性质的课程，所以总要讲解一些音乐的基本知识，告诉大家如何欣赏音乐，介绍一些著名作家的曲目等。旁听这门课的学生的人数不少。它带给大家从听觉角度进行美的教育，对提高学生的素质修养颇有好处。

我在燕京一年里，健康情况不算好，经常会有一些小毛病。

如连日吃的高粱米饭硬了一些，就会胃痛；天气变化时又常常感冒。有一次，我感冒发高烧，学校医务室立刻留我住院。一则为预防传染，二则是对我的特殊照顾，因为我没有亲友在北京。所谓病房，实际上就是一座平房院里的一间普通的住房，只是布置得非常朴素、洁白。房内空气流通，阳光充足，垂着素净的大窗帘，有一张宽大的、软和的床放在房间正中间，其他家具非常少。有位老太太十分细致周到，常常陪着测体温、看室温、送水送药，还热情地为我做一份清淡的家庭病号饭，逐去了病中许多的烦恼。直到我退烧之后，才让我活动，上几节课，但仍要我回到病房去测体温，做检查，吃病号饭，直至彻底恢复。待我回到宿舍时，发现床上放着冬天用的棉袄、大衣、围巾、帽子等许多衣物。确实，我当年并没有必备的冬装，这些衣物真是雪中送炭。我却无从知道这是谁送的，送得那么及时、适用。它们不仅温暖着我的身体，而且最重要的是温暖着我这颗漂泊无依的心，使我激动万分。一年间所有无私帮助过我的许多同学们从不留名，我心中有说不出的感激，却不能直接向他们表达，而只能告诉四周熟悉的同学们。从此以后，我的感冒也减少了，心情更加放松，我只能以更加勤奋的学习来报答同学们的深情厚谊。我在燕园最困难的一年中，无论是吃的、穿的，以及上课必备的书本、纸和笔等日用品，都是大家这样无微不至地而又悄悄地帮助着我。这种情分，不但使我永志不忘，而且还教会了我一生中助人为乐的习性。直至1950年春末，我同家人取得了联系以后，才得到一点有限的资助。这一切，就是我在燕园的大一生活中，沐浴着的一种与众不同的春风化雨。

燕京的课外生活

1949—1950年燕园的风物人情给我留下的回忆是如此深刻，如此激发着我的情感；然而燕园墙外的巨大变化却震撼着我的思想，潜移默化地改造着我的价值观、世界观。新中国成立前后的许多重大历史事件，震动了神州大地，也震动了整个世界。其实，首都的变化早已引起燕园墙内悄悄地变化，只不过我开始时也察觉不多罢了。但是后来发生的几件大事，却猛烈地冲击着每一个青年的燕园学子和师长们，而且深深地吸引了我。

有一天，社会系的同学们聚在老师家中的客厅里，聚精会神地聆听着翦伯赞老师，还有严景耀（注4）、雷洁琼（注5）等老师的谈话。他们是那么兴奋，热情向我们介绍1949年9月21日在北京召开的全国第一次政治协商会议的盛况。不但告诉我们参加会议的人物和讨论的内容，还拿出不同样式的国旗、国徽方案，并详细说明这些图样象征着什么？还解释为什么采用“义勇军进行曲”作为国歌等，并告诉我们1949年10月1日将在天安门宣布成立中华人民共和国。师生们十分兴奋地度过了这难忘的一席夜谈。这时，我才知道，我们系里竟有这么多老师都是受国家、人民尊敬的政协委员，而且他们都曾为祖国的解放做出过许多贡献。我第一次为国家大事而振奋，而激动！

从那时起，我除了努力学好所选的课程外，开始挤出更多的时间关心课堂以外的事情，并开始阅读各种有关抗战时期、解放战争时期的小说和书籍，如《新儿女英雄传》[注6]《赵一曼的故事》[注7]《青年近卫军》[注8]《西行漫记》[注9]……这些书过去没有看过，从那时起就很快被我迷上了。一到周末我们还会同一些同学到清华大学看《白毛女》[注10]《刘胡兰》[注11]等歌剧或话剧。它们崭新的内容、崭新的唱腔和表演方式，使我觉得既朴实又感人，这一切生动活泼而潜移默化的教育，也使我思想的深处在不断地变化着。

与此同时，还有两件实事也在我们身边发生了。1950年春天，学校里分了一块菜地给我们社会系一年级的新生，让我们五个人一块在那片不算很大的地里种菜、种瓜，我们每周要到菜地里浇水、除草、施肥，劳动一两次。燕京大学其他的院系和邻近的清华大学也都这样地发动和组织同学自己学种一部分蔬菜。这件事虽小，但对我们这些从未接触过土地的年轻人来说，也不是一件容易的事。我也知道撒下种子，让它发芽、长出来并不难，但要让它长得“茁壮”“像样”倒并不容易。不仅要有一点种植的知识，更要我们精心地呵护它。我们要时刻惦记着它是“渴”啦，还是“涝”啦；是否会被风刮倒，或是否被虫子咬了？终于菜是长起来了，但都不那么“光彩夺目”。这让我们知道干什么事，包括农民、工人所干的“力气活”都不是那么容易的。

另一件实事是让我们到校园附近的农民居住区，给失学的农家孩子上课。这是我生平第一次给别人上课。这些孩子家境贫困、衣衫褴褛、浑身脏兮兮的，还有些难闻的气味。他们人数不多，程度不齐，挤在一间破旧的土屋里，充满好奇地、挤眉弄眼地等待着我们给他们上课。让我教的是小学三年级和五年级的班，他们分开坐在两侧，我只能给一侧的孩子讲算术，让另一侧的孩子做作业；隔一会儿再交换地讲课和布置作业，搞得我手忙脚乱。这虽然纯粹是尽义务，但我的确从心底里挺乐意为此而忙碌。因为这让我有机会接触社会，认识到一墙之隔的差异竟然这么大，老百姓要解决的困难实在太多了。

参加开国大典

因为参加首届国庆典礼，全校师生都十分兴奋，都在积极准备着。1949年9月下旬,多数下午是全校同学集合列队操练的时间，大家都那么热心、认真地参与，还要抽时间学唱新的解放歌曲，学跳集体舞、扭秧歌，晚上还要扎彩色的纸花，真是高兴得不行。女同学还要商量安排好节日该穿什么样的衣服。当然是最符合庆典游行要求的、庄重又漂亮的衣服。我记得自己穿上一套算是当时很体面的服装了：一条长长的白色西裤，上身是白衬衫外套了一件鲜红的短袖毛衣，手里握着一束扎好的红花。我排在游行队伍旗队的后面，十分傲气、十分幸运。这件事对我们青年人来说算得上是生平第一次吧。事实上，有幸参加开国大典的机会也是非常难得的。

在热火朝天的气氛中，终于“熬”到了9月30日。我们牢记着游行、检阅的路线和注意事项，就等着出发的一声令下。那天晚上，晚饭后各自都做好了出发的准备。全校这么多人，当时没有条件乘汽车进城。按照统一安排，我们要集合、列队步行走到离学校最近的火车站（现在的清华园火车站），乘晚上11点的火车到西直门。因为人多，我们全部乘坐的都是货运车，大家笔直地站着挤在一起。时间倒也不长，就到西直门火车站，然后整队向天安门前进。虽是夜里，但街道并不冷清，仍有不少人驻足观看，队伍的行进速度并不快，走走停停。最后终于到达天安门广场的指定地点，队伍在划定的地区内休息等候，这时天还没亮呢。我们燕京大学的队伍紧挨着清华大学的队伍。我们知道10月1日上午10点钟才开始举行庆祝活动，然后游行队伍开始由东到西，通过天安门接受国家领导人检阅。因为当时天安门前的长安街不像现在那么宽，而且有"三座门"拦在马路上，因此游行的列队不能很宽，行进的速度就比较慢了。我们一直耐心地等待着上午10点钟的到来，但时光总是走得那么慢。天安门广场四周是人山人海，相间着各式各样的标牌，还有像森林那样密密麻麻的红旗飘着。我们的眼力总也不能透过红旗的林海看得更远，看到更多的庆典风景。等到天已经大亮，同学们再也坐不住了，拉拉队开始上阵，四周的学校都是我们拉拉队"攻击"的目标，此起彼伏的歌声里透着青春的豪气和欢乐。刚学会的新歌都"派"上用场了，大家扯着嗓子唱着"解放区的天是明朗的天……"，唱着《青年近卫军进行曲》，唱着当时最流行、最熟悉的解放歌曲和苏联歌曲。唱着唱着，大家自然地围成了一个个的圆圈，跳起了集体舞，扭起了大秧歌。当时的气氛真是亢奋极了、热闹极了，我们彻底忘记了一夜不睡、长途跋涉的疲劳，尽情地唱着、跳着，直到接近下午3点，大家才各就各位开始安静下来。这时，大家都在踮着脚，翘首仰望着天安门城楼。明明看不清，但人们还是不甘心，搜索着远处的任何微小动静。直到宣布开会的那一刻，大家才缄默下来屏息地听着。到底是谁在说话？我们虽然看不清楚，但是声音是听得清楚的。升旗的军乐声，放礼炮的声音，过了好一阵后，听到湖南口音的洪亮的讲话声：中华人民共和国中央人民政府今天成立了。我们虽然是第一次听到这种口音讲话，但谁都能够立刻肯定这是毛主席在讲话。随即传来了阵阵的欢呼声和掌声，响彻了整个广场，真可谓“热血沸腾，欢声雷动”。接着天空出现了列队的飞机，在天安门前掠过，一批又一批回旋着。当然，阅兵式我们是看不见的。大约过了两个小时，前面的队伍开始慢慢地移动了。走在我们前面的是清华大学的队伍，在旗队后面是组字的队伍。让人注目的是，他们把衬衫染成红色、黄色、蓝色等，穿这些不同颜色的同学们都间隔有序地行进着。当然我们看不出他们组的是什么字。但据说当他们走到天安门城楼前，大家齐刷刷把腰一弯，在城楼上的人们居高临下，就可以对组字一目了然，顿时掌声四起。我们的队伍则是五彩缤纷、十分活跃，慢慢地沿着长安街从东往西地前进。我们经过天安门时，大家齐声欢呼，而城楼上却频频传来毛主席的声音：“清华大学的同志们好!”“燕京大学的同志们好!”在行进时，我们只顾抬着头看望城楼上，看着两侧的观礼台。这样，脚步越来越慢，当走过天安门后，才想起要维持好队列的整齐，赶快小跑紧跟着前面的队伍。这时就觉得经过天安门的时间又太短了，真好像只有一瞬间，什么也没有看清楚似的。我们一边走，一边谈论着看见了什么。不管怎么样，这毕竟是一生经历中唯一的机会，我们个个依然是那么激动和兴奋，又说又笑地向着回校的路上走去。回到学校，天色早已黑成一片了。

到京郊参加土改

1949年大学一年级的第一学期已经结束，寒假有一个多月的时间。绝大部分同学都回家度假过春节了，只留下像我这样无家可归的少数同学。而我们却得到了一个难得机会，可以参加京郊土改工作。我对土改是怎么一回事，只是从小说中知道一点儿，但那毕竟是小说。我很想看看真实的土改，所以毫不犹豫地参加了这项活动。我带着行李，随着大车到了离海淀区不远的树村。因为我对土改政策以及在农村的工作方法一窍不通，只能跟着当时从北京市派出的工作组的工作人员，听从他们的指挥和安排，从而去体验整个土地改革的全过程，去了解农村是怎么一回事。

我自幼生长和生活在城市里，对农村的一切是那么陌生、那么好奇。到树村之后，我们女同学被安排在住宅条件较为好一点的农户家。我第一次看到了土炕，尝到了躺在热炕上睡觉的滋味。早晨起来浑身是暖和的，但是嗓子、眼睛干得不行。原来在没有暖气设施的农村，没有火炕是很难过冬的。村里的老百姓几乎是全家人都挤在一张火炕上，也只有一两床旧棉絮放在炕上御寒。因为我们是“客人”，农民们把干树枝、树叶添得更多些，好让我们睡得更暖和些。白天房子里生了一只煤炉，全家做饭、取暖就靠它了，要喝水时，他们用一种我从没见过的圆筒型铁罐

（约长1尺，直径2寸不到，上端有一个长柄）装满一罐水后，往煤炉炉膛里一放，水一会儿就滚开了。随喝随煮，非常方便。那年冬天雪很多，老农们的土房外，白雪皑皑，掩没了大地，连房顶上也压了厚厚的一层雪。冬闲时节，老农们都蹲在家里休闲。因此，工作组给我们的任务就是单独到各家访贫问苦，或者是跟着工作组的干部一块去访问。白天妇女们并不闲着，一边看着孩子，手里却不停地纳着鞋底（有时纺线或缝衣、补衣等）。她们看见我们这些从城里来的学生，话也不知从哪里说起。如果我注视她纳的鞋底，她便会慢慢地开口，告诉你布鞋是怎么做的，鞋底是怎么铺的，麻绳是怎么搓的……当然，这些只能是告诉我，农民要穿上一双鞋也是很不容易的。一日三餐，当然也是农妇的事，但对他们来说三餐饭是非常简单的事。棒子面是他们的主食，不是糊糊粥，就是贴饼子和窝窝头。因为冬闲时节，大家不下地劳动，所以以吃糊糊为主，这样可以节省粮食。副食就更简单了，基本只吃自己腌的咸菜，冬贮的萝卜、白菜，只是用它熬点汤，全家就对付了。过年时，村里会杀一头猪分而食之。我们同工作队的人一块进餐，有时也吃过几次农民家的“派饭”。老农们大部分在家，守在炉边吧嗒、吧嗒地抽着大烟袋锅，弄得满屋子都是“浓烟滚滚”的。他们自己没有地，只能是租地来耕作。冬天一过，家中能劳动的人都要起早贪黑地趴在地里劳动，春耕时还得借马来耕地，但也不是白借；种子，遇上荒年时也得借，也得还……在他们的脑子里最重要的事就是乞求上天年年风调雨顺，庄稼长得好，才能交上租子，才能让一家子吃得半饱。逢上灾年，庄稼歉收，租子也不会因欠收而少交，肚子却不会因天灾而少吃，这样全家就要遭殃了。然而，隔几年总会有天灾，总会有人祸，谁也帮不了谁，有时连借债的地方也没有。老农们要跟我们讲的基本就是这些。只是各家情况不同；各家“账目”不同，但是生活无保障，日子很艰难，却都是一样的。他们祖祖辈辈在这块土地上，生产的方式、生活的方式从不改变，靠天吃饭，靠命运过日子，却是一致的。

中国农村的现实，我是第一次接触到，一切都使我非常惊讶。在我脑海里顿时产生了无数的“为什么”。首先感受到的就是农民真是太苦了、太穷了、太落后了、太愚昧了……然而这一切又是怎么形成的呢？要怎样才能解决呢？当然这一连串的问题不可能一下得到答案，只是引起自己许许多多思绪，渴望得到一个可行的答案。

土改工作组在不断地串门串户、访贫问苦的同时，也不失时机地向农民讲解实施土地改革的道理。我发现劳苦农民们是比较容易接受的，而且是从心底里拥护这种主张的。因为他们明白种田的没有地，劳动的吃不饱；相反，不种田的却有那么多地，不劳动的可以收租子，不愁吃、不愁穿，太不公平了。但是祖祖辈辈没有人出来争这个公平，既没有人出来争，也不敢出来争。因而过去多少年，地主、富农剥削农民反而成为“合情合理”的了。这回，政府的工作队来了，他们告诉大家要怎么样做才能争取到这份公道。那就是要大家团结起来，把地主的土地和浮财夺过来，自己当家做主，把政权掌握在劳动农民的手里。道理都能接受，但是真要做起来也不容易。他们总是有各种顾虑，祖宗百辈子都没做过的事（或者是没想到做，或者是不敢做），这下子轮到我们做是好事，为子孙后代积德了；但地主反攻倒算怎么办？他们有这种想法也并不奇怪。只有听工作队耐心地讲解如何起来斗倒地主，如何夺取政权，如何选出全村最可信赖的人来掌权，来为农民利益掌权、当家。这一连串的内容，也是长期在解放战争中，各地开展土地革命中积累的经验，是行之有效的办法。几乎每天晚上和白天，工作队的同志都要向农民们讲解这些道理。与此同时，还要动员全村的农户划好阶级成分，向农民讲清为什么要斗倒地主，以及没收其土地和财产；为什么对待富农同地主的政策不一样，只是没收其规定以外多余的土地等。这一切，一环扣一环的工作，真是闹得翻天覆地。它涉及全村几百个男女老少，他们也在日日夜夜地议论着、思考着、行动着，直到最后，把地主们手里的所有地契付之一炬，把没收来的地一份一份地丈量分给村里的贫下中农之后，这才算土改工作暂告一段落。

我同工作队在树村大约待了三个多星期后，就转移到一个新点，离树村不远，名叫后营。村子非常荒僻，晚上看不到什么灯光，白天也看不见多少炊烟。我们全部靠马拉的大车在相对荒凉的小路上行进，我们深知交通不便会使村子更闭塞更落后。这个村的孩子、妇女大部分不识字，却看见村里大部分土墙上都用石灰浆画了无数的圆圈，一个圆圈大约有2尺多的直径，密密麻麻的。一问才知道这个地方在夜间是野狼出没的地方，常常会叼走村里的羊和鸡。无奈，村民们画了许多白圈，以为狼看见了就不会来犯，并称这些圈为“套狼圈”。事实上，哪有狼会怕白圈的道理呢？有一天晚上，我们刚开完村民大会，已是半夜一两点钟了，我和工作组的干部们一块在返回住地的途中，遇到一小群狼。它们不怕人，号叫着向我们走来，用手电筒照它也不怕。正在不知该如何对付这番危机时，一位解放军的同志，刹那间丢了一个手榴弹过去，一声轰响，把狼群给吓跑了。但也把老乡们吓着了，他们也纷纷跑出来看个究竟。在后营的工作内容同树村基本相似，只是要结合各村的实际情况开展工作。后营虽小，但情况较为复杂，还有黑社会活动等情况。因此，在开展土改发动工作的同时，还要侦查出一些暗藏的坏人。由于学校第二学期要开课了，让所有参加土改工作的同学返校。一个多月的“土改见习”也就这么结束了。

这段经历对我来讲是十分深刻的。活生生的事实告诉了我：什么是阶级，什么是剥削，什么是超经济剥削，为什么要夺取政权等。另外，也看到了城乡差别，农村的落后贫穷。这都是从书本上看不到的。这些村虽然离城市那么近，却看不见商品交易，农民手里没有多少货币，过着“自给自足”——或者是“自给不足”的日子。尽管经过土改，但也不可能一下子富裕起来、文明起来。这是一本活生生的“中国政治经济学”。从这次实践中，我开始从感性上认识到解放的意义。回校后，我决定从社会系转到经济系，这同我参加一个月的土改工作不无关系。

参加土改回校后，思绪万千。我开始想道：一个人生活在地球上不过是短短几十年，能工作的时间恐怕还不到2/3吧！怎样才能使自己一生过得更有价值，更有意义呢？其实这个问题每个人都会碰到的，只是过去自己想得比较少，也不那么认真去想。

有时，我还觉得在不同的环境里，会有不同的想法，而且也没有太肯定的答案。也许是太年轻了，想的事也不那么成熟。我记得在上大学之前，也想到自己应该成为一个高尚的、有用的人。所谓高尚的人，只理解为要有很好的修养，要脱离低级趣味，并且要有知识、有学问，才能成为有用的人。因此，当我踏进大学门槛后，就是侧重在两方面“培植”自己。一方面要成为高尚的人。就是要有高尚的修养，要懂得什么是美、什么是丑，在行为上对自己的要求就是要排除和痛恨丑，力求自己的行为要尽善尽美。另一方面，就是想得到更多的知识。因为小时候读书的机会不多，一直觉得自己的知识比同班的同学要少得多。因此，上了大学便十分珍惜这种机会，一种求知欲激励着我，对什么事都那么新鲜，都想去弄个明白，有时简直在生吞活咽。至于这些知识以后怎么用？或者说世界上这么多知识学得完吗？我过去想得很少，或者说没想过。经过土改，以及在校大半年的学习，慢慢地有所改变，并重新去思考，可以讲这就是自己成长的过程吧。

1950年春天，校园里的生活仍是那么美好，但内容比过去更丰富了。我在那段时期读了不少苏联卫国战争时期的小说，如《日日夜夜》(注12)《钢铁是怎样炼成的》(注13)《卓娅与舒拉的故事》(注14)等。

这些书似乎大部分同学都读过。我为了弄清楚为什么大家都那么热衷读这些小说，所以也热心地读起来了；同时我也注意要逐渐拓宽自己的接触面。过去仅仅同一些帮助过我的广东同学交往，但后来慢慢地改变了这种局限，而同系里的其他同学增加接触，对一些党、团员同学也有了聊天谈话的兴趣。这使我了解和学习了许多为人、为学的各种想法，觉得对自己有不少帮助，而且觉得心胸比原来更宽阔，眼界也比原来更远大一些。我渐渐地感悟到了不能仅仅满足于在燕园这个美好的环境里接受美的教育，接受纯知识性、学术性的教育。当然，这类教育对一个人的成长是不可或缺的，特别是学习方法的教育，对我来讲是受用一辈子的。除此之外，还应该想到要把自己学会的一切要为更多的人付出。例如，像我亲眼所看到的落后又贫困的农村，怎么才能使它有所改变，不断地富裕起来。我觉得一个人干不了多少事，也不需要干出多么伟大的事业；但应该有一个实实在在的想法——有益于人类的想法，并为之学习，为之奋斗，这一辈子就不错了。然而要贫穷的人富裕起来，确实不是一件小事，也不是一件容易做到的事。但首先这是属于经济范畴的大事。说到底，我下决心转到经济系学习的真正原因也就是这些。

这年春天，我加入了共青团（当时的名称是“新民主主义青年团”）。这对当时的我来说，也是顺理成章的事。因为我虽然有了一定的想法，却又不是那么清晰、深刻地了解革命的理论和实践，只是觉得自己的想法是符合大方向的，在今后的学习和实践中一定会逐渐地深入了解，逐步明白的。我记得介绍我入团的是经济系高年级的李松芳同学，他那时已经是党员了。我们不熟，谈得也不多，只是留下一点印象。50年后，我还曾遇见过他，后来听说他已逝世。而使我难忘的是1950年6月3日晚上，在燕园的草坪上举行的一次非常简短的团日活动。参加的同学不少，这是一次别开生面的活动形式。除了一系列常见的入团仪式外，给我留下最深的记忆是，当时四年级的沈康南同学朗诵的故事，平静而动听的朗诵声，叙述一个非常朴实、纯洁的女孩子是如何走上革命道路的。故事的题目可能是叫《妹妹的故事》吧？非常动人，一直在我脑海里回荡着。

转学去清华

第二学期结束了，大学一年级的课程结束了。一年里关心我的同学们一直从经济上支持着我，维持着我的温饱。我心里当然有说不尽的感激；但我总觉得如果能得到学校的助学金，让我继续上学，会让我觉得更自在一些。正当学期结束，我想暑期又是大学招生的季节，何不到国立学校去上学呢？那里是有助学金的。基于这点我就打算转学了。当时也碰到一个难题；我想转学考二年级经济系的插班生，这比较合理。但据说录取的机会比较少，如果考生成绩不理想，就可能一个也不录取。如果去考大学一年级新生，录取的机会可能会多一些，但要多读一年。左想右想，最后考虑到我的家境并不好，还有等待着上学的弟弟。还是决定尽可能早点毕业、早点工作，帮助家人。于是整个暑期我一心一意地为转学考试而复习功课。报考目标就是清华大学经济系二年级，经过一个多月的努力，总算考试通过，如愿转学了。离校时，我没多说一声再见，就默默地离开了未名湖，而心里却有说不出的酸楚。那到底是无奈呢，还是留恋？……我已经说不清了。但我知道，我将终生不会忘怀这哺我育我的燕园；终生不会忘怀那些关怀过我、帮助过我的老师和同学！

多少年来，无数的年轻人梦想着踏进清华园的大门，当然我也是其中的一个。清华大学（注15）曾被誉为“工程师的摇篮”。在新中国成立前夕，为了求解放、争民主、得自由……北大、清华的学生总是冲在前面，因而清华更有“革命摇篮”的美誉。再加上我在中学时代就读过朱自清（注16）的《荷塘月色》，因而对清华园更多了一份痴迷和敬仰。令我兴奋不已和深感幸运的是：1950年秋，我终于从燕京大学转学到了清华大学经济系，使我中学时的梦想成真。

经济系在清华虽不像工学院一些系，如电机系、航空系，或理学院的物理系那么响亮，但至少是清华法学院的一个名牌系。清华法学院及经济系也有不少知名教授，譬如说陈岱孙老教授就在经济学界是负有盛名、造诣很深的学者。著名的《资本论》的中文译者之一王亚南教授在新中国成立后也曾在清华经济系任过教，在清华“自强不息”的校风的熏陶下，只要认真勤奋地学习，学为人、学为学，一定可以受益匪浅。因此，我从燕京转学清华的决心一直没有动摇过。何况，由于经济拮据的原因，为了获得助学金，更促使我要转进这所国立大学。

当我得知被清华经济系二年级录取后，很快就从燕京校园搬到了清华园的静斋。静斋是当时清华大学的女生宿舍楼。新生绝大部分都住在一层楼，老同学住在二三层楼。我住的那间房里，大部分是一年级的新生，只有李生荫、金方西和我是二年级的转学生。房间不大，却放着四张双层铁床，住八个同学。中间靠窗处放着几张小桌子。同学们都很谦让，多主动要求睡在上铺。房间虽然挤了些，但行李都能放得下，每个人的枕边、床脚都不会闲着。因房小人多，一般都要到图书馆、教室里去做作业、看书，直到晚上才回宿舍。因为学生较多，当时的图书馆人满为患，早已不敷使用。为了借参考书或阅读，同学们往往在晚饭前就把书包预先放在图书馆的桌面或座位上，去占一席之地。如果去晚了，就没有座位，只好到教室里借着发黄的灯光阅读，而且借参考资料也不方便。不过，大家都能理解这是发展中的困难，不会有什么怨言。

清华的同学一般生活比较朴素，穿着并不讲究。冬天还常能看到穿着很旧的深色布衫罩着长棉袍（当时称为“大褂”）的男同学；也有一些穿不上袜子，拖着一双又旧又破的球鞋过冬的同学。打着补丁的衣服更是随处可见。总的来讲，当时的条件是比较艰苦的。伙食水平也不算很高，一桌八人、四碗菜。先到的同学，把四碗菜分成八份，一般以青菜为主。主食是高粱米，也有窝窝头，发糕很稀缺，但主食不限量。大家站着，围着桌子用餐（一个月的伙食费六七元）。一些班干部常常端着饭碗，边吃边到周围饭桌聊天，谈国家大事或班里的工作；有的到饭厅外的壁报栏（过去称“民主墙”）看“新闻”。每天用膳时间是十分热闹的，中午食堂里总会响起广播，传递着校内的各种信息，或是国家大事，有时还播放一些歌曲，成为当年的饭厅一景。

清华的学风与校训

清华的学习风气真可谓不同一般。在校园里总能看到那些夹着书本和计算尺（当时中国的市场还没有电脑）的同学匆匆上图书馆，那准是工学院的学生；在校园的树林深处总能听到那些文学院的学生在旁若无人地大声朗读外语。绝少有人在校园里闲情逸致地聊天或闲逛。相反，你总会常常听到这个系、那个班的那些成绩惊人、出类拔萃的同学们的传奇性故事。你如果去参加一些讨论会或座谈会，也会经常听到一套又一套，滔滔不绝的那些不同凡响、振聋发聩的新鲜见解。也许这是“尖子”学生的集中地，高手林立，人才辈出。当时的清华，不但大师云集，而且学生中也是精英荟萃，其中不少人后来成为国家的栋梁之材。在这样的环境里学习勤奋、自觉是必然的。像我这样根基较差的同学，总免不了要产生几分自卑。当时的考试、考核非常严格，1/2学分不及格就被开除，1/3学分不及格就要留级（只许留级一次），只有最优秀的学生才能得到高分。对我来说，当时不求高分但求通过，也就知足了，不过要求通过也得付出加倍的努力才行。自卑也激发了我的自强。我想，只要尽自己所能，抓紧时间，认真、踏实地勤奋学习，才不会辜负清华。这就是我当时学习的心态。

“自强不息，厚德载物。”据说这是梁启超（注17）老先生1913年在清华同方部演讲（题为《论君子》）时引用《易经》两句话中的八个字。清华的老校歌中，也有“行健不息，须自强”的歌词。[注18]我在清华念书时，对这些典故并不了解，也很少听到，校方也并不强调校训，只是感到“自强不息”是清华的一种精神。我进清华时，本来很有些自卑。但我在仔细观察了清华大多数师生的言行后，深感“自强不息”的精神早已潜移默化，成为一种风格、一种校风。我也必须从自卑转向自立、自信、自强，才有资格做一个真正的清华学子。

上经济系二年级，专业课程的比重已经比较多了，如统计学、会计学、货币与银行等课程的课时占了较多的分量；基础课还保留了政治经济学、俄语和体育。整个二年级的课程排得比较满，还有许多讨论辅导课，课外的专业报告也接连不断。这样，同学们感到既忙碌又能吸取更多的新鲜知识。在清华和燕京上课是有些区别的。主要是由于清华的学生人数比较多，不能在听课和学习过程中可以随时提出问题讨论。清华师生之间的交流和融洽程度，也不像燕京那样紧密。在清华当学习中发生问题时，主要靠自己去钻研，自己去解决。这要求学生养成独立思考和解决问题的能力。

大学有大师

清华的老校长梅贻琦[注19]先生有一句论大学的名言：“所谓大学者，非谓有大楼之谓也，有大师之谓也。”我进清华的时候，无论是理、工、文、法、农学院，都是大师云集，举国闻名者何止数十上百人。我们的法学院院长兼经济系主任陈岱孙老师就是一个经济学方面的泰斗。经济系的主要课程之一是“财政学”，这就是当时由陈岱孙（注20）教授开的课。这门课主要是为三年级同学开设的主课。我们这些长期向往名教授，又是刚转学到清华的同学，总惦记着去旁听他的课，尽早亲自体会他讲课的风采和魅力。当时，“财政学”对我来说还十分陌生，并认为是一门非常深奥、难懂的课程。到校不久，我们终于挤出了时间踏进了陈先生讲授财政学的大教室里，全神贯注地先听为快，并努力记好笔记。陈老师讲课十分严肃，他有理有据，侃侃道来，既旁征博引，又阐述自己的独立见解，内容精炼而丰富，逻辑性强，很有理论深度。可惜我当时的经济学水平还缺乏根基，有些道理在课堂上一时消化不了。下课后，我再次细读所记的笔记，我这才发现陈先生所讲的课，都是一篇篇没有任何多余词句、内容精彩、富有条理性的文章。如果用心去理解和运用这些内容，对经济学是可以较快升堂入室的，有些难点也可以迎刃而解。遗憾的是，由于我当时的社会工作占去了较多的时间，最终不得不放弃这门重要的旁听课，而集中精力去学习好规定的二年级的必修课。但陈岱孙大师的高大形象在我心中打上了深深的烙印。

陈岱孙二三事

说起陈岱孙老先生，这里还有两件事我必须提一下。一件事是陈老师不但是一个学富五车的学者，而且是一位关心弱小、仗义执言的长者。记得1980年清华校庆时，经济系的校友们在清华园聚会，陈老师也去了。当他问起我现在的工作情况时，我如实汇报，说我从干校回京后，已不在冶金部机关工作，而分配到一个有几十名家属的“五七工厂”去了。陈老师一听就直言不讳地说“冶金部还没有完全落实知识分子政策，怎么把清华培养的人才送到一个家属工厂去了”。后来有别的同志把这个话传给了冶金部唐部长。唐部长很看重陈老师的意见，立即批示人事司、办公厅把我从家属工厂调到冶金经济研究所去工作，以落实“学以致用”的政策。还有一件事是陈老师到晚年仍然孜孜不倦，为国操劳，体现出一种“老骥伏枥、壮心不已”的精神。陈岱老生于1900年，逝于1997年，可谓是世纪老人。他青年时代留学美（哈佛）、欧，回国后即任清华教授。他不但培育了十几代经济学人，而且在新中国为社会主义的建设做出过很多学术上、政策上的贡献。在他晚年时，党和国家提出了建立中国社会主义市场经济的任务，陈老师为此奔走呼号。他在亲自主编了《中国经济百科全书》之后不久，立即着手组织力量，由他亲自主编《市场经济百科全书》。这时他已年近九十，但他仍是老当益壮、志在千里。他说，我是第一批到国外学市场经济的，现在祖国要建立社会主义的市场经济，我对编撰好这部《市场经济百科全书》是义不容辞、责无旁贷的。他的豪言壮语感动了全体编撰人员。他不但坐而言，而且起而行，亲自出面筹备编写和出版工作。在他的鼓舞下，我们单位和我也有幸参加了由他领导下的编撰和筹集出版资金的工作。我和我的同事们如孙立、侯书森等同志，为陈老师主编的这本书写了关于有关“工业”和“生产率”等方面的几十个条目。陈先生在生前还对这本书的主要部分多次批阅，提出修改意见，极为认真。只可惜陈老师没有来得及看到这本《市场经济百科全书》（1998年10月第1版，中国大百科全书出版社出版，上下两册）的正式出版，就与世长辞了。他真正做到了鞠躬尽瘁、死而后已，成为我们这些晚辈学习的楷模和追思的德高望重的大师。

“统计学”和其他主课

当年给我们上“统计学”的老师是戴世光[注21]教授。上课的第一天，他就给我们留下清晰的印象。一口流利的普通话，口齿是那样地清楚，重点是那样地突出，逻辑是那样地严谨，他的讲课像磁石一般一下子吸引住课堂里每一个同学。他的课程总是安排得有条不紊，深入浅出地讲述着。他从最基本的统计表如何划，如何达到简明，有逻辑地列表，一直到各种不同统计对象的统计原理，分析方法，如何从繁杂的现象中去芜存精，表述清楚，都讲解得入木三分。我在戴先生统计学课程的班上，整整学了两个学期。他的教而不倦激起了我的学而不厌。一年中在上课时，总能让我在课堂里目不转睛地盯在黑板上，务求听个明白，记住要点，甚至还要举一反三，由浅入深地去理解。他讲的每一章节都是那么简明扼要、清晰有序、认真严谨。这一年的统计学学习是我以后参加工作后一辈子都受用无穷的。

对少数教授讲课“技巧”较差或条理不那么清晰的课程，我就感到有些费劲了。我记得当时学“货币与银行”这门课时，不知为什么总是不开窍，一处“卡”住，就环环不通，一时很难搞明白。直到放暑假时，我到中国人民银行总行短期放款处实习时，才慢慢有所领悟。经过实习和请教行家，再重新学一下课本，才算明白一些。实践证明，我对一些理论性较强、抽象一些的知识，一直不善于消化、吸收，或者说吸收得比较慢。“货币与银行”是我当时学得比较糟的一门课程。

我是到清华后才开始学习俄文的。对于我们文法学院的学生来说，学俄文似乎是形势的需要，而不是学习的需要。因为我们的课本包括参考书都没有俄文本，只有中文本和英文本。在当时的气氛下，老师们也不会再开英文参考书让我们阅读，而多数同学也不具备专业英语水平，阅读起来也不容易。在那个年代，法学院的学生只有中文参考资料和中文课本。学生从大学二年级开始学俄文也不是一件容易事。当时课时很少，老师也少，但是学生很多，一般在大教室，甚至在大礼堂里上课。我记得光是俄文字母就学了很长时间，一年下来，收获有限。同学们似乎是在“随大流”，既不会不及格，但也没有学会去看书。学一种新的文字、语言是比较艰辛的，要坚持、积累，才会有成效，学了不用也会很快忘却。果不其然，我这一辈子，除了在清华上了一年“大锅饭”式的俄语课外，此后，在工作、学习中再也没有机会接触俄语。时至今日，连俄文的字母也记不全了。这就是我们那个年代法学院多数学生外语水平的状况。

马约翰教授的体育课

在清华给我留下记忆的另一门课程，居然还是体育课。可能我属于对形象思维较为容易吸收而又感兴趣的那一类型的学生吧。尽管我在体育方面没有什么专长，运动时甚至是笨手笨脚的，但只要多留心、多练习，也能学会。体育课当时在学校里是作为一门不可缺席、不可不及格的课程。我想这是因为青年学生正是长身体的时期，需要学会锻炼身体的技巧，以便人人坚持锻炼、强身。不能光埋头读书，毕业后因为身体差而成为“废物”。因此，学校对体育的设施、体育的师资都是相当重视的。那年，我的体育老师是全国颇有名望、白发苍苍的马约翰教授。[注22]上课他只讲英文，因为他的中国话是福建方言，我们听不懂。他上课时有一位助教，为大家做翻译，并做一些示范动作，或帮助同学掌握各项运动的要领之类的工作。马约翰老师虽然那时快满70周岁了，但体格仍然健壮，冬天还能穿着白短裤、白衬衫在户外活动，还经常打打网球。他告诉我们，因为他经常运动，所以身体好。他每周要给我们（女生班）上两节课，每天还要指导和督促我们进行“劳卫制”达标锻炼。工作非常认真、热情！

我们体育课的内容是十分丰富而又比较独特的。每节课的内容是马老师自己编排，自编自教，而且每节课的内容几乎都不相同。例如：为了锻炼反应能力，他事先会在墙上画许多白色的圆圈，直径不到半米，每个圈内写着不同数字，而且不按顺序排列着。上课时，让你站在离圆圈若干米的地方，持着一个篮球，快速顺时针自转。待你转得头昏眼花时，他发出命令，不许稍有定神的时间，叫你把球投向几号圈。这样连续做10次，记录你投中次数，加以计分。一直练到你“及格”，再让你去打篮球。同样，在打排球之前要先练发球。在对方排球场地上划了许多方格，每个方格都写了号码，然后，他发令要求发一个高飘球（或刹球，或低球等），发到几号方格内，一边练一边做记录，直到大家基本都做到了合格，才让大家练排球。总之，各式各样的球类、田径类的运动，都先要有一段基本技巧的训练，并在讲解各种规则之后，再进行活动。一些条件比较困难的运动项目，也要设法使大家知道如何进行活动。如游泳项目，因为清华当时只有一个很小的游泳池（室内），很难满足教学需要。老师就想出一个办法，在岸上要求大家用“干游”的方法，训练“自由式”“蛙式”的姿势，而且强调了姿势不准确的危害。一次又一次地练到姿势准确以后，才让你下池。至今为止，我一直很少有机会下水游泳，成了“旱鸭子”。然而我有机会到海边，还会游“一口气”的距离，而且姿势绝不含糊，这是得益于当年“干游”的锻炼。

那年清华“劳卫制”达标项目的练习抓得很紧，要求全校同学人人达标。这样每天下午下课后，操场上、体育馆里，甚至空地里都纷纷挤满了人，分头在锻炼，一般每天要坚持三四十分钟。整个“劳卫制”包括的项目是比较多的。制定的标准分为两档：及格和优秀，一般优秀的成绩要高于及格20%左右。例如，跳高，女子要达到0.9米为及格，1.1米为优秀。如果有的项目达不到及格，但另一些项目达到优秀，则可以抵补。这是因为普及运动开展时间不久，所以制定的标准并不算高，目的是要求大家都要锻炼。“劳卫制”的标准对我这个广东女孩来讲是难不倒的，当时老师测试时，我基本能达到优秀和及格。唯有一项万米长跑没有通过，因为我体力不好，又从来没练过。那次测验是第一次跑，跑到终点，差一点就达标，但人已倒下，爬不起来。这时老师把我测试各项的结果算了一下，认为总体我已经达标。因为可以用其他一些优秀项目来弥补。这时，他嘱咐我不要轻易一下子就跑一万米，因为我当时的身体太弱、太瘦。老师还叫我每天坚持吃8颗花生米，要挑又大又胖的吃；然后去练习射箭，以增加肺活量，增强胸肌。当时还亲自教我如何持箭、拉弓、瞄准，以及如何配合呼吸等。最后他还高声对我说：“记住！8颗！”真的，半个世纪过去了，对这四个字我仍言犹在耳。只可惜我没有长期坚持下来。这件小事，使我深有感触，这是老教师对年轻一代的无限关切。他对不同的学生，施行了多样的、因人而异的教育。这是非常重要的，也是十分不容易的事。没有高度的责任心和对青年一代的热情，这是绝对做不到的。我在清华的日子里，确实有不少类似的轶事，使人难忘。

课外的锤炼

在清华学习期间，除了有机会接触许多知名教授，还能听到一些尖子学生谈论各种学术中的学习心得和见解。这对我来讲是非常有益的，由此我也十分珍惜。但处在新中国成立初期的这一特殊历史时期，学校里除了使同学有机会学到书本上的知识外，更多精力和时间是用在对学生的思想改造方面，包括对老师的思想改造。因此，在那一段时期里，经常会请当时的社会名流、国家领导人到学校里做形势报告。一些文艺演出也是围绕着阶级教育为中心而展开的，如《白毛女》（歌剧）、《刘胡兰》（歌剧）、《龙须沟》（注23）（话剧），红军歌舞团等的演出。从理性到感性的形式，影响、促进着青年一代的思想转变。从抗美援朝运动（注24）到全校掀起的参军参干活动，再次呈现出改造思想的成效。因为在清华上学的同学，一般都是愿意稳定地在学校学到更多的知识，而要求他们离开学校去当兵、去工作，为抗美援朝献身，要完全出于自愿。但经过新中国成立初期的各种思想教育，我熟悉的同学和在一块工作的同学都纷纷自愿报了名，只有个别人没有报名。因为大家都觉得为祖国献身，到人民需要的岗位上去，是光荣的。因为需要的名额有限，在全校二千多个报名者中只批准五十名同学。如我们班三十多名同学只批了两名。但这个报名参军参干的活动，对所有同学都是一次爱国主义教育。1950年年末，在学校大礼堂举行了对50名参军参干同学的欢送大会。当由校团委书记林寿屏和学生会主席凌瑞骥肩扛着光荣榜上第一、第二名同学和50名战士列队走进大礼堂时，全校师生沸腾了，使这一活动达到了最高潮。在等待批准期间，同学们都想为上朝鲜战场的战士们做点贡献。许多同学在写慰问信，一些女同学发起为前线战士做棉手套，这件事飞快地推动了全校女同学投入这个活动，不久连男同学也主动来“请战”。尽管大家都不善于缝纫，但这些手套都是经过各班同学的精心设计和缝制的。有的班设计和缝制了能伸出食指扣扳机的样式，有的设计和缝制了能活动手指的样式，有的在手套里放上一封热情的慰问信。小小的手套表达了同学们的一片心意，而学生会的女同学就成了这次做棉手套的后勤供应、宣传、信息技术交流部。当时真是热闹极了，这一活动一直延续到批准参军参干名单下达之后，才暂告一段落。记得我（当时在学生会文娱部工作）为了描述同学们的这一活动，还同学生会文艺部的钱宁同学合作，在校刊《人民清华》上发表了一篇报道，题目是《战士掌心暖，同学手中线》。欢送参军参干同学的活动，既简朴又热烈，我们都以钦佩的目光同他们话别。

周末，我们还能有一定的时间整理内务，或者和同学们聊天、郊游。当然，将临考试时，周末就成为复习时间了。一般我不会进城购物，也不会去远处游览。因为我享受的是特级助学金，除了交付伙食费外，所余有限，只能购买一些日常文具、纸张等日用品。到月末剩下的钱能买一包花生米或一两粒水果糖，就算是很好的享受了。但班上细心、热情的同学王淑华发现我连洗脸盆也没有，就悄悄地送我一只大脸盆和一些生活用品；黄钦若还给我拿来了一件厚厚的蓝布大衣，让我暖暖和和地过冬……班上的其他同学也十分关心我，尽量帮助我。当时除很少数较富裕的同学外，大家的生活水平都不相上下，所以心里也较为平衡、愉快。不过嘴馋的广东同学，总忘不了弄点好吃的东西来解馋。那时清华园西边的树林中和南边的荒岛上有不少刺猬。我听说广东男同学中曾经有人抓过一只刺猬，经过处理放在铁桶里煮熟了，大家吃得有滋有味的。有一次周末，我也曾跟着几个广东同学走到圆明园附近的池塘边，用竹竿捞过一些西洋菜，用清水煮汤，吃了也觉得分外解馋，还觉得很好玩。

多才多艺的清华学子

我转学后不久，没想到的事发生了。在我没有思想准备的情况下，同学们推举我到清华学生会担任文娱部副部长的工作。这项工作是相当繁重的。一方面，我学习方面没有太大的“天分”，只有用时间来争取较好的学习成绩，而做这份工作，肯定会影响我的学习。另一方面，自己不善言词，也怕当众说话。但一切不容你推辞，班上的同学一致表示，有什么事他们是后盾，一定会尽全力支持我。就这样，我无可奈何地干起来了。

学校里的文娱工作内容实在太多了。每周要为同学放映一次电影，要组织各个社团开展活动，节假日前要组织的文娱活动就更多了。当时文娱部的部长是周森，我分工负责的是社团工作，包括舞蹈组、腰鼓队、歌咏队、话剧组等。除了定期组织的活动外，每逢节日就更忙了。既要演出，还要推广、示范。如国庆节前或五一国际劳动节前，为了做好游行及天安门前的联欢活动，舞蹈组的成员除了要准备好几场表演的节目外，还要负责教会全校各系各班文娱干事跳若干个新舞。文娱干事学会之后，他们再回到各自的系里、班里，教会全体同学。有困难的还可以请舞蹈组的成员去辅导。其他的社团则各自组织排练新节目。节目的来源是请校外专业或业余单位来辅导，更多的是自编、自导、自演。到演出时一般都能拿出新的、结合形势的好几个节目。从这些工作和各社团的演出水平中可以看出清华确是一个人才济济的地方。大家不但功课好，而且很多同学是多才多艺的。各种人才汇集到了清华，只要领导提出要求，学生会稍加组织推动，很快就可以拿出一台五彩缤纷、令人耳目一新的节目。可以举一个实例说明。大约是1950年11月的一天，上午最后一节课快要下课了，传来了一个重要通知。广播通知所有同学到大操场集合。学生会主席凌瑞骥同学已经站在大操场高高的主席台麦克风前了。他慷慨激昂地传达了国家抗美援朝的重大决定，并说明了原因、意义、背景以及全国人民爱国的行动，要求同学们立即行动起来。他说得简明、扼要，一共只用了15分钟左右，就把大家的情绪一下子鼓动起来了。“雄赳赳，气昂昂，跨过鸭绿江……”的歌声从广播声中铿锵有力地在操场上激荡着，这是清华大学燃起抗美援朝运动的起点。上完下午最后一节课，所有学生会的成员立刻集中开会，为的是布置一台以抗美援朝为主题的演出，以文娱的形式来加深对“抗美援朝”的认识，这场演出只允许有二三天的准备时间。随后文娱部立刻组织“各路能人”研究、讨论、出主意、提倡议。主席很快集中意见，安排了两个小时左右的晚会演出的大致的节目内容。当即明确分工，分头行动起来。话剧组负责新编一出活报剧，当即指定专人要求通宵写出剧本，并分头安排演员，配合演出的乐队，灯光、布景、服装、道具等一整套人员，都要在第二天下课后集中，听剧本要求，分头准备排练。排练时间十分短促，还配备了不少提供台词的人员。其他社团也各自领了任务，一边编，一边练，在排练中随排随改。到了周末，大礼堂里一台两个多小时的文娱演出就有声有色地上场了。

这件不可思议的事，对我来说是很大的教育和锻炼。尽管这些节目不是那么深刻、细致，但在这么短的时间能拿出手，及时地配合抗美援朝的宣传活动，靠的是同学们的热情和才艺。当时从事这场演出的没有一个是专业人员，没有一个受过专业的培训。但他们有一股爱国热情和克服一切困难的勇气，所以奇迹就出现了。后来我才知道担任活报剧的几个主要演员，他们在新中国成立前夕，为解放北京，为宣传解放事业，曾经充当过演员。尽管没有受过专门训练，但是他们不但能做到临场不怯，甚至还会临场发挥。在那次排练中，他们不断出主意，齐心协力和大家一起在最短时间把节目排练达到最佳效果。为活报剧做音响效果和配乐的是航空系一位高年级同学，他擅长小提琴演奏。当他看完排练之后，自己琢磨了一番，就“上阵”临场发挥，事后还得到观众们的赞许。担任化妆的同学也是高年级的学生，他一边工作一边热情地告诉没有经验的同学，从如何化妆脸部，如何化妆缺牙，如何把眼睛“变大”等，说到底要明白灯光和色彩、灯光和透视的关系等。总之，这场演出真让我开了眼界，学到了许多书本上看不到的“知识”。而这些东西来自于同学们平时的积累和观察，才可以做到不怯场，临阵派上用场。搞一场演出，组织工作也是十分重要的。我当时担任的“角色”是前台负责人，其实当时我并不清楚具体该如何组织，是在高年级的能人在旁不断提示、指导下，协调前、后台的节奏，以及上下节目间的衔接，真是紧张得很，但不得不从容对待。

孙晓邨、张君秋和乌兰诺娃的指导

这场演出的实践，让我重新考虑自己该如何对待这短短一届学生会文娱部的工作。我不能一干活就想起花的时间太多，要影响学习；一学习又想起有些该干的活还没有干，结果是什么事也干不好。左思右想，我还是下决心牺牲一些时间，认真把这一届学生会的工作干好。通过前一段的实践，我深深体会到搞文娱工作也不是那么简单的。不仅要抓现实的活动，还要抓长远的活动，做到各个社团都有储备。自己要为同学服务好，就要安排有品位、有情趣，而且能满足不同要求的活动，以多种形式来调节同学们的学习和生活。我体会到，各个社团是推动全校文娱活动的骨干力量和依靠力量，只有各个社团不断地提高，才能更好地开展工作；否则，就会成为无米之炊，既无法以新的内容持续下去，也难以适应和完成一些紧迫而重大的新任务。有了这些想法之后，便在行动上学会用新的办法来开展工作，中心是设法取得外援，以获得新的知识和内容。例如，在舞蹈组的同学中，请那些功底比较好、学得快、善于教舞的同学在周末或课余，到一些专业学校或文娱单位中去学习一些的新的表演舞和集体舞，当他们学会之后，再回来教会大家。同时也找机会邀请一些舞蹈专家来校讲授。有一次，我们邀请了中国舞协的孙晓邨（注25）同志于星期日来校讲课，整整一个上午，他在草坪上边讲授边示范，介绍了我国各主要少数民族舞的特征、文化背景、发展渊源等。他把朝鲜舞的舞姿、舞步细细地分析、示范，突出了仙鹤的形态，加以艺术化。由此我们才知道原来朝鲜古代的图腾就是仙鹤。随后，他又把新疆舞、蒙古舞、藏舞、红绸舞等一一做了剖析。这次讲课，使大家加深了对舞蹈的理解和对表演技巧的感知，引起了大家学习的兴趣。除此之外，在清华园里还经常有机会欣赏一些国内外著名团体和个人的演出，有时也有一些交流。有一次，京剧名家张君秋（注26）来校演出。我们不懂京剧，但对京剧的化妆十分好奇，特别是男扮女装，更想知道是怎么一回事。于是，我们提出要求，想参观他的化妆全过程，没想到他欣然答应。他自己给自己化妆，一边化妆，一边给我们讲解，从京剧的脸部扮相，到包头，到如何把大脸盘变成秀气的闺秀，如何戴头饰、甩水袖、走云步……既耐心又细致地讲述和表演。这使许多“京剧盲”的大学生们大为惊叹，大开眼界。还有一次是苏联的芭蕾舞大师乌兰诺娃（注27）来到中国演出。那天，她是来参观清华大学校园的，却应大家的要求跳了一小段。虽然她已经是上了岁数的妇女了，但她对观众的热情仍然不减当年，使我们对她过去的辉煌更加敬佩。最后，她邀请了几位同学，作为她在中南海怀仁堂演出制作纪录片的观众。我有幸被邀，不仅看到了她的表演——由于摄影技术问题，她还反复地表演多次，我们也有机会多看几遍。这次活动也是我唯一的一次去怀仁堂，所以分外高兴。

除了观摩演出，平时在节假日或周末的晚上，除电影演出外，就是组织各种文娱晚会。我们常常在那排平房院（三院）的教室里，摆开了棋类活动，猜谜语活动，举办古典音乐欣赏，开辟游戏室，教交谊舞等，各式各样。只要有条件就开设一个活动室。各活动室都挤得不行，十分热闹。为了满足同学们的不同要求，虽然十分劳累，但心中很高兴。因为我们这些文娱部的同学都觉得自己尽力为同学们做了一点好事，就心满意足了。每逢国庆节、五一国际劳动节要做的事就更多了。全校师生为了参加游行，或是到天安门前联欢，都要学会一些新的集体舞，还要学唱一些新的歌曲。这些教歌、教舞的任务，都是在节日前十天左右开始安排和练习。这些新的歌、舞主要靠平时有计划地储备，届时就可以拿出来传授。与此同时，各社团还要准备许多表演节目。例如，腰鼓队经常在游行队伍中，边走边演，它的鼓点子往往是行进队伍的节拍，能鼓舞大家在长途游行中的“士气”。腰鼓的表演花样总不如舞蹈和歌曲那么多，局限性比较大。但是腰鼓队队长王世政和陈富权同学总是带头想法编些新花样，甚至在队列上也要变变样才高兴。其实他们在行进中不停地表演是十分辛苦的。待到游行队伍进行中要休息，或者到达天安门前休息等待的时候，这就是舞蹈组、歌咏队进行“街头”演出的时刻。这样，可使整个游行队伍在行进过程中显得生龙活虎、充满了朝气，忘却了长时间步行的疲劳。

到印度大使馆借服装

为完成以上任务，其后勤工作也是十分辛苦的。有一次，为了演出一个新疆舞和一个西藏舞，一切都准备就绪，就差服装。

因为所有演出从来没有任何经费来源，演出服装只有借用或者用现成衣服加以改制，或者是各自想法自制。但是有些舞蹈服装是难以自制的，大家让我进城去解决演出服装的难题。因为我到北京之后，很少有机会进城，对城里的街道一无所知；而且北京讲究用东、南、西、北方位来辨路，我更是搞不清方向，只得找班上熟悉北京城的马德容同学陪我进城了。先是找了几个专业团体、演出单位，多次碰壁，借不来。但是我们不能空手而回，一定要借到才肯罢休。绞尽了脑汁，才想起到民委（国家民族事务委员会）试试看。这次却出乎意料地顺利，接待我的工作人员问清来意，经过请示后，爽快地答应了我们。他们说只要民委有的，你们合用的，都可以借。条件是使用前取走，使用后即还回，不能丢失，不能损坏。因为所有服装都是少数民族地区送给毛主席和其他中央领导人的礼物。我们听了，吓了一跳。他们带我们参观了礼品陈列室，我们看到了藏服、新疆帽，但没有新疆女服。我们告诉他回去确定演出时间后再来，并再三致谢。这时问题已解决一大半了，我们高高兴兴地离开了民委。可是新疆维吾尔族的服装还没有解决，而已是黄昏时刻了。想来想去，不知怎么灵机一动，就想到印度大使馆借两套白色长裙，不是很像维吾尔人穿的裙子吗？于是，我们两个人风风火火地直奔东交民巷去了。这次也很顺利，一下子就有人把我们引到大使馆内的办公大屋里了。屋里只有一张大办公桌子，桌子后面一张大椅子上坐着一个上岁数的小个子，挺客气地问了我们来意。他高兴地说：好，我夫人的就可以借给你们用，只是今天拿不来，等你们什么时候用，就可以来拿。不过，有一个请求，希望去学校观看你们的演出。我们没表态，只说来取衣服时再告诉演出的时间。我们表示了感谢后，赶快回学校去。天色虽已黑，但当时高兴得已经不知道饥饿了。第二天，大家正为解决服装难题而高兴时，学生会主席把我们找去了。他笑眯眯地说："你们好大的胆子呀！连赠送给毛主席的礼物也敢借，还跑到外国大使馆里去借衣服！你们真行呀！但我告诉你们一句话，不能借！……"他讲了一大堆理由，最后说："没关系，是我事先没交代过，你们也不懂，一心想完成任务。怎么办呢？赶快进城告诉他们不演了，服装也不借了，不就行了吗！"我们听了之后，半懂半不懂地照办就是了，当时心中最关心的还是究竟穿什么服装演出。最后，还是大家拆被单改装了几套服装，问题也就解决了。从这件小事，就能看出年轻人的热情、大胆，为了完成任务，天不怕地不怕，但又分不清哪些可以干，哪些是不适宜干的。同时也看到了，领导者发现问题之后，及时说明原因，承担责任，处理善后，使大家从中吸取教训。这一切使我在今后的工作中受益匪浅。

在结束一学期的考试后，迎来了寒假。寒假过得也不平常，所有在校同学都组织起来，到农村、工厂开展抗美援朝宣传工作，形式多样，要求通俗易懂。我们班的同学分成了十个人左右的小分队，安排到长辛店地区工作，我也到了长辛店周围的农村里，给老乡们做宣传。我们在这方面没有什么经验，临时凑了一些节目，如活报剧、拉洋片、唱歌什么的，一边有人讲解，一边有人表演。在交通不便、信息闭塞的村子里，这些活动吸引了不少老乡。其中孩子们最为兴奋。因为他们很少有机会接触外界，更看不到文娱节目，再凑合的节目也会使他们接触一些新鲜事，让他们高兴不已。

在清华经济系二年级的一年里，过得热烈、繁忙。当时在业务学习上固然有不少的收效，同时在思想锻炼和工作锻炼方面的收效更是前所未有的。总之，学校领导就是要通过各式各样的活动，使同学们置身于革命的大熔炉，从不同的角度，以不同的形式，锤炼着每个学生，使你改变固有的思维方式，成为国家未来的有用之才。这是我在清华感受最深的，收获最大的地方，也是新中国成立初期清华教育的突出之点。

去广西参加土改

1951年暑假，我们班的同学正在北京城里的中国人民银行总行实习。原计划实习两个月，大概工作了一个半月，学校就通知我们立即返校。原来国家有关领导决定，让北大、清华、燕京、辅仁四所大学的法学院的全体师生（除毕业班和老、弱、病、残者外）要到广西参加土地改革工作[注28]一年。这是一次完全脱离专业学习，更加全面、更加彻底的锤炼。同我们一块参加土改工作的还有全国政协的部分委员，以及财经、政法、文教、卫生等系统中的一批知名人士。到广西后，还要配备一批地方干部。由于广西当时土匪猖獗，正处在清匪反霸阶段，因此还有一批第四野战军的部队干部和战士配合。

在正式参加土改之前，我们的准备工作就是集中学习。先在北京学习，四个学校的同学都集中住在北京大学的红楼，主要是学形势、学政策、学工作方法，以及了解当地情况。整个学习过程基本上分成三个阶段进行。第一阶段，在北京侧重倾听中央首长们的动员报告和形势报告。第二阶段，到武汉侧重倾听中共中南局及土改委员会的领导们所做的有关土改政策及细则方面的报告；还有全国开展土改工作中一些值得借鉴的经验，并公布土改工作团的组织领导及计划安排——侧重地区分配、工作期限。第三阶段，则在广西当地由地方领导组织具体学习安排，侧重介绍工作地区的详细情况，具体的工作步骤、工作方法，以及全部人员的组织系统、领导名单，工作地点分配，工作计划及进度。当时明确提出第一批下去的工作队要相对集中在村中进行试点。取得经验后，再扩大地区进行第二批土改工作。每批工作时间大约4个月。

在1951年夏天，为了做好参加土改工作的思想准备，我们集中学习了好一阵子，我也记不清听了多少次中央首长以及全国土改委员会领导的报告，每听完一次报告都会组织一次小组讨论会。由于参加土改工作的成员不仅仅是北京四个大学法学院的师生，还有一大批知名的民主人士，因此，报告人的层次也是比较高的。中心是为了端正参加土改工作的思想认识，解除各式各样的顾虑。因为广西正在进行清匪反霸，土匪比较猖狂，因此土改工作中难免会遇到可能发生的意外。然而当时全国已基本完成了土地革命，除了剩下西藏等少数民族地区外，只有广西还没有全面开展土改工作。经过清匪反霸之后，要立刻进行土改，建立农村政权，才能巩固农村革命的成果，因此需要大批干部及时到广西开展土改工作。另外，土地革命在我国已经积累了多年的经验，新中国成立后土改的政策、方式方法也在实践中不断总结，不断改进和完善并纠正了一些过左的东西。例如：区别对待地主和富农的政策；不侵犯工商业者的政策，除恶霸地主外不再滥杀地主并也分给一份土地改造其为自食其力的人；等等。这一切同当年在东北地区的土改工作是有所不同的。广西的土改可以说是汇集了全国各地土改中的成功经验，吸取了一些教训后，结合广西特点而开展的土改运动。它也可称得上在中国土改工作中比较成熟的一次土改运动。这次有很多知识分子参加广西土改工作，对每个人来讲，真是一次难得的机遇。如不参加这次变革，很可能在中国是“时不再来”了。这就是大部分同学都衷心响应号召，积极参与的原因之一吧。正因为如此，凡参加的人，谁都想亲历一下中国农村革命历史上的这一幕。

为什么让我们这些法学院的师生去参加土改呢？从总的来讲，是改造知识分子的需要，而对法学院包括政治、经济、法律、社会等学系的师生来说，还有一层特别的意义。即法学院的学生将来主要从事政法、金融、经济管理、社会保障、民族宗教、文教等方面的工作，相对来讲是偏重搞意识形态方面的工作。新中国成立后的中国，急需一代新型的、符合时代潮流的、具有鲜明立场观点的，以及有一套基本的群众工作方法的干部，来承担未来的重任。对一批年长、知名的民主人士、社会名流，他们已经在不同岗位上承担着不同的工作；同样，希望他们能更符合时代的需要，更接近和了解劳动农民的疾苦。因此，高层领导决定把我们这一大批知识分子投入到农村革命的大熔炉里去接受革命的洗礼。这一举措将要使所有的同学和参加这次土改的工作者，能更自觉地把自己锤炼成符合国家和人民的需要。

董必武送行土改团

通过在北京集中学习，重点解决了以上思想认识后，1951年8月下旬，大家高高兴兴地扛着行李，登上了南下的列车。前门火车站挤满了欢送的人群。令人意外的，竟是中共中央政治局委员董必武（注29）同志亲临火车站，他老人家充满着热切的期盼向每一节车厢的同志们挥手送别。

从北京到武汉的火车上，兴奋的同学们笑声不断，但也有不少是第一次乘火车离开北京、离开家的，有一位低一年级的燕京同学，当火车离开丰台站时，他竟然落下了“思乡”“思家”的眼泪。在他看来，丰台已是离家很远很远的地方了。当大家发现后，都逗他，取笑他，一直逗到他破涕为笑为止，真是一群开心的“大孩子”呀!

一昼夜的行程，我们到达了武汉市——中共中南局的所在地。整列车的乘客都在那里下车，刚下车就受到了当地政府热情的接待。我们在中南局早已准备好的一处空着的大厂房内下榻。据说那是新中国成立前一家英商的打包厂，当然条件比较差，大家都在厂房里打通铺。不过，大家早就有了吃苦的思想准备，只是觉得挺新鲜的。学习时都集中在中南局大礼堂内听报告，讨论时则分散组织，有时还在“大通铺”上讨论。我们在那里停留的时间并不长，主要任务是学习土改政策及有关条例、细则。除了中南局的领导作一些一般性报告外，主要由中南局土改委员会杜润生同志作系列的报告。主要讲的是中南地区农村形势。他操着一口山西口音的普通话，情况掌握得又细又全，分析得头头是道，加上风趣和幽默，大家听得十分过瘾，不停称赞他“不愧为中国农业专家”。听完报告后总是由清华社会系的吴景超（注31）教授上台，代表大家感谢一番。同时组织小组讨论，“消化”报告内容。最后，才公布全体参加土改工作的成员和组织领导的名单，以及工作地区的安排。我们参加土改的队伍分成两大部分。第一土改团分配到柳州地区工作，主要由北大、辅仁法学院的全体师生和一部分政协民主人士、社会名流组成。第二土改团则安排在邕宁地区工作，有清华和燕京法学院的全体师生，也安排了一批民主人士和社会名人，还有以协和医院为主组成的医疗队。土改团的负责人是由各系统领队联合组成的。由当地（广西）的负责人担任一把手，其他系统的负责人则分别担任副职或党团领导工作。我记得第二土改团的团长是广西的刘宏同志（后来是谢芳春），副团长由胡绳（注32）、田汉（注33）担任，吕森（注34）（清华）和刘文兰（注35）（燕京）同志还担任了相应的领导职务。一切安排妥当之后，我们继续南下，第二土改团直接乘车去南宁市。

离开汉口之前，同学们都想出去看看这座古老的商业城市的风貌，尝尝那里的特色小吃。因为我小时曾在汉口住过，加上气候闷热，所以没有兴趣再出去逛街了。没想到老同学贺宝晏还忘不了当年想在汉口“吃豆皮”的故事。他们班上的上海男同学，早就打听到中山路西端有一家汉口最具特色的豆皮小吃。大家都不想放过良机，去品尝一番，已经尝过的同学也表示“值得一尝”。贺宝晏等几位北方的同学都为之动心。心动不如行动，因为时间不多了。不巧正准备出发之际，天上乌云密布，随即下起了倾盆大雨。到了汉口却不能“到此一游”，也没有“到此一尝”。现在半个多世纪过去了，他始终没有尝到汉口豆皮的味道，至今仍给他留下了难忘的悬念。

乘火车从汉口到柳州，一路上寂静无奇，车速又不快，“咣当”“咣当”地晃悠着前进。从柳州到南宁这段路程虽不长，但是行走的时间比从汉口到柳州还长，因为这段路刚刚修好，不少同学——大部分是一些坐不住的男同学，都跳下来，跟着车走，走累了再上车坐坐，坐烦了又下来……铁路两侧长满了亚热带植物，茂密的大树，一眼看不透，说明我们已经进入了亚热带地区。而这条铁路正是刚从密密的丛林中开辟出来的。铁路就好像被层层绿树包了起来，抬头只能从树隙中看到透过来的几缕阳光，时而吹过一阵热而爽的风。两侧的树木我们都不认识，但当驶进有田、有茅舍的地方，就看到不少大榕树、椰子树，还有不少芭蕉树、木瓜树和菠萝树。如果不是我们看见了这些果实，也不会认得这些树的。一路上我们这一群青年人兴奋极了、新鲜极了，我们好像在童话般的意境中漫步，穿越着无尽的“绿色海洋”。当时，我们觉得说了半天土改，但连一点土改的边也没沾上。除了一路上欣赏着亚热带风情，同同学们不断地侃大山，车厢里只是一片欢笑和开心。当时大家觉得去土改、去革命、去体验生活，真有诗意、真浪漫，太好啦。这是一条难忘的绿色的路呵！

火车终于“爬”到了邕江（注36）沿岸，那里长着许多“大叶小蕉”的香蕉树，密密的丛林已甩在车后面了，前面一片嫩绿，像是一片片半透明的翡翠向我们摇曳着，美极了!这就是南宁（注37），我们终于到达了目的地。

我们集中住在南宁市的近郊区一个叫心圩的村里，在一个茅草的竹棚里学习如何开展土改工作的具体步骤和工作方法，还听取了当地详细情况的介绍。在那里我们用了比较长的时间，了解和学习一些完全陌生的工作方法，一套完全陌生的新鲜词汇。大家都非常认真，用心地去听、去记，直到基本弄懂为止。因为只有这样，大家才能独立、自信地开展工作。整套土改工作的程序大致如下：

进村之后，工作组的每一个成员首先要实行“三同”，即要同贫苦农民同吃、同住、同劳动。经过一段“三同”之后，摸清村里的情况，发现村里的积极分子。这个过程比较长，事实上也是一个发动群众、宣传群众的过程。然后对积极分子进行比较、培养，经多方考察和工作组内部的讨论，确定“根子”——他（她）应该是土改运动中可依靠、可培养的骨干分子。发现“根子”之后，就要“扎根”，即要对其不断培养，不断提高其觉悟，放手使其承担任务。这时再让“根子”去发动群众，让“根子”去组织贫苦农民，这叫“串连”。在“扎根”“串连”的过程中，认定并明确村里的剥削者——地主。在“串连”的过程中，对地主要背靠背地揭发其罪行，算剥削账，并归纳有关他们的所有材料进行分析。一般来讲，一个村里往往不只是一个地主；而工作组要引导群众只选择其中罪大恶极的恶霸地主进行斗争，只有当材料确认无误后才能确定斗争的对象。这时就要依靠积极分子组织群众消除顾虑，去面对面地倒苦水，进行说理斗争，目的是要通过斗争会的形式，使广大农民懂得地主的罪恶所在，说明剥削者不耕地而掌握着劳动者的命运，而劳动者既没有地也吃不饱，祖祖辈辈被剥削的不公平、不合理的事实。这就使广大劳动农民懂得了土改的目的，懂得劳动人民坐天下的合理性。由此动员大家，要做到劳动农民是土地的主人，就要摧毁封建剥削制度；并懂得被剥削者只有牢牢掌握政权，才能把剥削者改造为自食其力的人。

这一套新理论，过去在农民头脑里世世代代都没有想过、见过，也没有听过。因为农村的交通阻塞、信息不通，再加上受封建思想的压制，老百姓十分闭塞。这就是为什么要花很长时间去做思想发动工作的缘故。一般来讲，越是贫下中农，越是仇大苦深的劳动农民，对土改的概念接受得越快，而在运动中比较积极、自觉的，往往都是村里的骨干分子。这一阶段的工作是决定整个土改工作成败的关键。因此在学习时，团队领导再三强调进村后必须坚决做好第一阶段的工作。这一段工作用的时间最长，也最艰苦，必须要用心、认真去对待才行。

随后，便进入划分阶级成分的阶段。侧重让我们弄清划分阶级成分的政策，以及具体划分的界线，掌握住划分阶级成分的方式方法。特别提出要划分地主同富农的区别，要执行保护工商业的政策，分清小土地出租者同富裕中农的区别等。领导着重强调如果政策掌握不稳，工作做得不细，会造成不良后果。除地主、富农外，除工商业者和小土地出租者外，其他的阶级成分都属于劳动农民内部的阶级划分。因此，划分阶级的政策和方法都要交代给农民，让他们自己掌握好这把“尺子”去衡量自己，去衡量村里的每一户农民。方法是充分讨论，三榜定案。在讨论过程中要充分发扬民主，强调畅所欲言，同时组织积极分子深入到各家各户分头讨论。因为这是关系到农民切身利益的一个重要环节，讨论会非常热烈。有时也会出现一些争执，这时就要加强顾全大局、不能搞绝对平均主义的教育。通过自报—讨论—公议后，出一榜公布，再根据公布的情况，再次核实材料，再讨论；再自报公议，再公布出榜。这样反复三次才能最后定案。因为大家明白，如果搞得不准、不细，容易搞乱阶级阵营，容易影响农民的积极性。所以，每发一榜，都要认真、深入到农民群众中搜集意见、集中意见，找出解决问题的方法，直至方案成熟、各方基本满意，才算结束这一阶段的工作。

下一步的工作就是进入没收地主的土地，征收富农多余的土地，然后将土地按照村里人均土地拥有量的大致水平，分给无地和少地的贫下中农。这时强调不搞绝对平均主义，如耕地不能按人头平均分配，因为各户劳动力的情况是有区别的。另外，并非要把原有土地混合起来分配。基本办法是：中农的地不动，其他贫下中农、雇农，根据其原有耕地状况，分配新的土地。当然还要充分考虑到原有土地地理位置、肥瘠状况、水源、环境、原有土地种植历史等因素，经过综合分析才能制订出分配方案的建议。这项工作比较细致、复杂，要通过全村的农民充分讨论才能定案。这时还要交代一个政策，就是对地主、富农仍旧要分配一份土地给他们，使其通过劳动变成自食其力的劳动者。另外，在分配土地、浮财以及房屋之前，还要组织一次“报上当”的活动，也就是说有个别农民在土改前夕，曾经接受过地主或富农的馈赠。因为一个村里，人们往往有各种关系，如同家共姓，或有千丝万缕的亲戚朋友关系等。为了避免土改中被斗争的窘境，地主们常常会出于拉拢关系的考虑，而主动赠送浮财，或分散浮财。而通过“报上当”这个活动，使受赠者解脱“负担”，也可以使大家能更合理地分配地主、富农的财产给应得的劳动人民。这一阶段的工作，基本上要让广大农民看到并拿到土改的胜利果实。接着就要帮助农民在村里建立政权，以保证胜利果实不会丢失，也是为了防止剥削者反攻倒算。

如果前一段工作做得比较扎实，农村的建政工作也相对顺利。因为村里的积极分子在整个土改运动中已经涌现出来了，在群众中也已拥有一定的威信。如果对这些人的觉悟水平、工作能力、群众关系以及本人的品德等方面都有了较深入的了解，则在建政、建党，以及建立农会、青年团、民兵、妇女会等项工作方面，都会比较顺利。一般情况下，领头人的担子就会落到工作组进村后发现和培养的“根子”的肩上（个别也有例外的）。等到这些工作结束后，工作组的任务就可以告一段落了。

土改前奏

我们在心圩学习期间是十分认真的，也是十分紧张和辛苦的。因为大家不太适应那里炎热的天气，每天烈日炎炎，汗流浃背，扇子扇出的风也是热的，却没有很好的洗澡条件。淘气的男同学有时会利用午休时间，偷偷溜到村边河塘里洗个澡。但这属于违犯纪律的事，因为村子的周围并不安全。有一次，有四个男生走进了一片竹林，在林子深处找到了一个比较大的河塘，水可清澈见底。他们高兴得立刻都钻进水里去了，会游泳的就向河塘深处游去。正在得意时，河塘深处突然“哗”地冒起了一个足有一尺直径大小的水柱子，一股子冲力，把人推出了一两米远，把游到深处的同学推了一个大跟斗。吓得他们魂不附体地掉头马上往岸边拼命游去，才算侥幸“脱险”。上岸后，他们定了定神，赶快往回走。这时来了一位上了岁数的老乡，告诉他们不要到那个河塘里去洗澡，因为池塘水很深，还有一只很大很大的老龟，它常会浮上水来，用前掌把人拍死的……这下他们才明白水柱的来源了。他们回到营房后，还心有余悸，但谁也没敢说出这段惊险的经历。

在心圩学习的内容是十分丰富的，给我们授课的“老师”也是非常热情、细致的。他们个个都是从实践中锻炼出来的“老把式”，像是身经百战的“老战士”。语言通俗、生动，像是手把手地引导我们入门。特别对我们这些从未参加过工作，从未在农村中生活过的学生来说，他们的帮助消除了我们对一个完全陌生的领域的疑虑、恐惧和束手无策的心态。同时鼓励大家要充满信心，大胆而又认真地去实践、去闯荡。当然，他们也提醒我们斗争仍是复杂、残酷的，遇到问题千万记住要机智、沉着应对，要依靠当地群众一块来解决，同时也要及时向上级报告。如做到这一步，任何险情、难题都会迎刃而解。我们这批20岁上下的大学生，经过这一时期的学习，真是热情奔放，都在摩拳擦掌，等待着出发令的下达。

在心圩学习时，还有一小段插曲。那就是对当地的语言不通，怎么办？当地的“官方”语言是白话，基本是广东话。村里的大部分老乡基本都能用白话交流，而真正的当地语言则是“壮语”，老百姓之间都用“壮语”方言。我们绝大多数的同学对此一窍不通。当时，越南胡志明主席曾派来一批越南干部到广西学习中国的土改经验，他们除了学习有关土改的政策、方法外，还直接到村里实践。他们却不存在语言的障碍，因为他们的北部地区与广西毗邻，大部分人也是壮族，说壮语，所以到村里工作是很方便的。没想到从北京来的中国人却碰到难题了。当我们发现这个问题后，立刻行动起来，组织广东话学习班，由懂得广东话的同学担任老师。事实上，我们这几个少数懂广东话的同学，也从未教过讲广东话。任务紧急，既要准确又要易记，以达到速成的效果。于是大家一块设计了一套进村后同老乡们唠家常的口语，再设计了一套开展工作时讲政策、讲方法时的对话内容，然后按设计的内容像教孩子说话那样，一句句地教，反反复复地练习。当时学广东话的热情，真叫少有，似乎一睁开眼睛，所有的空隙时间，一直到上床睡觉时为止，都会有同学在不停地练习、求教。五十多年后，我碰到过的一些同学，还会提起这件事，有的同学到现在还会说几句广东话呢！这真是令人难忘的一幕。

除了学习广东话之外，还得学一点“土改”歌曲、“解放”歌曲，以备进村后发动群众、宣传群众时使用。学唱歌对青年人来说是难不倒的。最后就是宣布土改工作团下属的一系列中队，工作组（基层工作单位）的建制和负责人。并安排好每个工作组的工作地点，宣布工作纪律和工作制度、结束时间等。我们清华第一批的同学和地方的干部们组成的工作组，有解放军伴随，将集中在邕宁地区第十四区进行4个月左右的试点工作，每个工作组正组长是地方上的干部，学生任副组长。定期工作一个阶段后，将到中队部汇报总结。中队部也将委派人深入到工作组所在地进行检查。工作期间每人每月将领到5元钱的生活费，基本上是付给所住农民家的伙食费。这样，一切工作就已经安排就绪，只等整装出发了。

进驻山区“土匪村”

1951年的盛夏在紧张而又热烈的学习和讨论中度过了。学习结束后，我们集中在广西邕宁地区南宁市郊的心圩，等候多时的出发令终于下达了，翻开了我们这一代大学生集中参加土改历史的一页。我们经济系二年级集中在一个中队，被安排在邕宁十四区。我所在的工作组分配在永宁村。工作组全体成员约15人，其中清华同学6人（我记得有詹炳源、汤伟祥、王利祝、张芳明、金方西等），其他是广西派出的地方干部和解放军。组长老袁同志是一位性情随和，办事认真、干练的年轻老干部。我们负责的永宁村是一个狭长的小山区，由四五个小村组成，纵向相隔10多里地。永宁是永宁村最大的一个村，其次是宁坡。两村相隔有七八里地。我们的工作组分成两部分。一部分由广西文联的秦黛同志负责，他带了六七个同志到宁坡和另一个小村莫坡开展工作。永宁和其他几个小村留下了八九个同志，由老袁负责。我先是分在永宁村，工作听组长统一安排。进村的第一件事，就是要想尽办法去摸清村里的情况。白天我们随老乡们下地，通过"同劳动"来熟悉和了解老乡；不下地时则串门串户、访贫问苦。晚上多数时间要参加村民大会，听老袁用通俗的语言向大家讲解土改政策，再同老乡一起讨论。每天，我们工作组内部要挤出时间交换情况，讨论对策，安排工作，进程十分紧凑。毕竟我们事先学过一整套"土改"的"作战方略"，因此工作上基本是"合拍"的，配合也是默契的。开头的一个星期里，我们都很认真、主动地进行摸底活动。这对我来讲，也算是比较轻松、愉快的。毕竟我不存在什么语言障碍，再加上我在1949年冬经历过一段京郊土改的见习，所以工作比较顺当，劲头挺足。正在这时，因为老秦要调回原单位，工作组突然决定调我到宁坡、莫坡工作组，去代替秦黛同志。这是不容我犹豫或迟疑的任务，有如作战时接到上前线的命令，要求我立即转移到"新阵地"。

广西的秋天，天气晴朗，一件长袖衫就可以对付了。我照例穿着一身浅灰色的男式干部服，四只大兜太方便了，还戴着一顶灰色的干部帽，把短短的头发都塞进帽子里。从背面看，很难分清我是男同志还是女同志，因为我的个子并不矮。当时工作组的女同志很少，但大家都喜欢穿一身素色的女式干部服，并忘不了戴顶干部帽。也许这样更显得老成一些，像个"干部"样子。那天宁坡工作组的解放军老魏，从宁坡山上下来，到永宁来接我。我们俩分头扛着随身的简单行李就离开了永宁。我们沿着蜿蜒的小径，不断地爬坡涉水。时而顺着狭窄的、起伏不平的田埂艰难地走过；时而要平衡着身子，壮着胆，屏住气，小心移动双脚，通过架在小河上的又高、又窄、又长的独木桥。每次走过那桥都会舒一口气。夜里过桥只好用“四肢”爬行，才能保证不会掉下去。我们大约走了一个小时的路程就到了莫坡。那是一个风景优美、绿树丛生的村庄。农舍都隐蔽在绿荫丛中，只有30多户人家吧。我想到以后就要经常到这个小村子里工作了，不免多逗留了一会儿。我们在村口稍作休息后就继续赶路，又走了15分钟的路程，就到了宁坡。这是一个地处半山腰的小村，在村子周边展示出一片平坦的耕地。枝叶茂密的大树随处都是，只是我不知其名。这是亚热带气候特有的景色：四季都是碧绿的，田间也是绿绿的，冬季无需歇耕。水牛是村里的“贵族”，牛要休息，人可不能歇，总能看到牛儿甩着尾巴，在田头或草丛中不停地、悠闲地反刍着，咀嚼着。真是一幅非常生动而又宁静的山村耕作图。我不知不觉地放慢了脚步，忍不住驻足凝视着远方的山头和村间的美景。陪我上山的老魏同志，把这一切都看在眼里。他轻轻地叹息道：每一个初来乍到的，没有人不赞叹这里的美景，没有人不羡慕这块一年三熟的沃地，稻谷、杂粮丰产又丰收，野菜四季采不完，还可以到山顶打野味。可惜呀可惜，自从闹土匪，百姓吃不饱，土匪们还要往山上运粮草，宁坡成了个“土匪窝”。这一席话可把我愣住了。他马上又解释说：不碍的，白天还是我们的天下，晚上才是土匪们活动的时光。走吧，等着瞧咱们怎么好好收拾他们吧！

进村后，可能是白天，人们都下地干活了，村里确实清静得很：不见人烟，只闻各种各样的啼鸟声。宁坡工作组组长老秦，尽量详细地向我介绍宁坡和莫坡的情况。毕竟他们也刚进村才一周多，总的印象是情况复杂，“根子”也没有确定下来。说来说去，头号任务仍是深入、再深入地发动群众。只有广大群众信任我们之后，才能跟我们交心，才能真正地分清敌我阵线。总之，要刻苦地“沉下”去，掌握情况，谨慎地分析情况，才能推动工作。可能组长见我年轻，怕吓着我，所以不断叮嘱我，要放手大胆地干起来。我们在宁坡的工作人员只有三四个，还有两个在莫坡开展工作。不过，我们经常要集中在宁坡交流情况、研究对策。在我到宁坡的第一次碰头会上，就决定要认认真真地在村里实行“三同”，个个要开动脑筋，精心应对，努力推动这个“土匪村”土改的进程。那时候，我们肩上真像挑了千斤重担，丝毫不敢怠慢。

“土匪村”探底

在这个村，“三同”也不是一件容易的事。首先，到哪家去“三同”？这就是个难题。“同劳动”相对还容易些，那就先易后难吧。我们只要跟着大伙儿一块下地，主动干活，主动找人聊天就是了。干活的时候，当然要眼疾手快，留心地学。刚开始干得慢些、笨些，有时老乡还会主动手把手地教我们怎么干。第一天，我下水田干了不久，一会儿腿肚子上觉得有东西在爬，先是痒，后是痛。一看是好几只蚂蟥向我进攻了，我立刻用手扒，越扒越痛，还是扒不下来。老乡们看见了，立刻叫我住手，走出水田。他们用手对准蚂蟥使劲地打，这样才一只又一只应声落地。他们告诉我，以后碰上这种情况千万不要扒。这种蚂蟥是吸血的，如果打不下来，就要放上一些盐，它就会掉下来的。吸血后，伤口要挤出一点残血才好。我问为什么蚂蟥不叮他们，他们笑着说，它专挑细皮嫩肉的人去叮呵。大伙儿都拦着我，不让我下水田而在旱地里干活，或者跟他们一块儿打草、采野菜等。总之，跟大家一块干活、一块休息，慢慢地互相熟悉起来，逐渐做到无拘无束地聊家常。有的开始介绍村里的东家长、西家短的，村里的一般情况也慢慢地能了解一二。

原来这个村只有一个姓——磨，除了娶回来的媳妇和极少数雇工不姓磨。彼此之间都讲壮族土话。全村各户都是远近的亲戚。村里地少人多，平均一个人摊不上一亩耕地，开发新耕地也受到山区的限制。村民们都没有自己的土地，基本上都是向两家大户租田种。那家最大的财主，村里的耕地大部分归他家所有，他家住的是砖房大院，养了许多水牛。另一家大户，地少点，自己也种一些，其余的就租给大伙种。这个小村只有70户左右，村民都是靠租田种水稻，耕地靠水牛。只是大户人家才养牛，耕地时靠换工借耕牛。到收获季节，几户比较要好的亲戚凑在一起，集中收割，收割那家的水稻，就由那家管饭，直到收割完。这种轮流换工互助的方法，已沿袭几代人了，只有交租子是不能互助的。村子里主要种水稻，一则产量高，二则租子是以谷为主，基本上不种杂粮和蔬菜。那些年，因为闹土匪，天又旱，农民交完租，一般只能供各户全家半年的口粮。劳动力差的人家就更困难了。再遇上其他天灾、人祸，就可能连租子也交不起，全家就像遭了灭顶之灾。碰上这种年成，只能出外寻机会觅食，或者上山采野食度日了。

这些村有一个习俗，妇女是种地的主力。男人侧重于种地以外的事，如遇上灾年，男人就要上山去挖木薯、打野菜来充饥。有时则开点山边荒地，门前边边角角的零星土地里也种一点木薯、杂粮，以补不足。平时则要上山打柴，有的则将柴烧成木炭，趁赶集的日子，挑到圩里换盐、换油；荒年则会将挖来的野菜，山上狩猎的野味，还有草药，都拿到集上换粮、换木薯。这样，男人基本是管对外，管一家吃不饱时，当上山的挖“宝”者。平时在家里做饭、看孩子也是男人的事。在这样的分工情况下，村里的男人都会讲白话，识几个字，会算账，会同外人打交道，会交易。自从山上闹土匪之后，土匪下山抢粮、抢牛的事时有发生，上山挖“宝”也很不安全。地租也无情地在上涨，借粮的高利贷应运而生，生活十分艰难。在这种情况下，也出现了村里的男人偷偷上山当土匪仔的情况。因为当了土匪仔，可以得到一些好处。不过，村民们都明白这是生活无奈，被逼迫才走“上山”的路；另外，村民们也明白这是不光彩之举。靠着山边的几个村“上山”的贫下中农也不算少。这已成为那个地区的“特色”，难怪人们把宁坡叫做“土匪窝”了。

面对这么一个“土匪窝”，怎么办？在“同劳动”的聊天中，表面看起来农民似乎无拘无束，但总是泛泛地聊，始终不肯告诉我，村里哪家的男人当过土匪，更不会提起这些土匪的内幕。如谁当什么样的土匪官？在什么地方活动？怎么活动？具体干了哪些坏事？没有人告诉我们。“怎么办？”面对这种情形，我们工作组心急如焚。但我也明白，光着急并不解决问题。唯有继续深入，再深入。只有做好思想工作，才能打破一个姓氏、一个家族的血缘关系网和亲情关系网。要在短时间里使他们懂得用阶级观点来分析是非，这可不是一件容易的事。这时，我们下定决心要尽快找出“根子”。然后，集中力量培养、启发“根子”，使“根子”很快觉悟，跟我们讲真话、吐实情，并且帮助我们出主意。这可能是唯一有效的途径了。

在那一段时间里，我特别侧重同村里的妇女们多接触，边劳动，边谈心。同时还注意她们在农民大会、小组讨论会上的种种表现、发言内容，用心地观察、分析、比较着。再从侧面了解其他村民们心中敬仰的人物等，想尽办法寻找我们心目中可能成为“根子”的人物。经过几天的努力，经过比较、分析、商量，我执意要在相同的条件下，选择培养一个女“根子”。我知道在这样一个壮族山寨里，尽管妇女是农业生产的主力，但男尊女卑的世俗很难摆脱，因此也担心将来妇女在村里能树起威信吗？能当家做主吗？同时，妇女本身的工作魄力、工作水平要取决于她能否摆脱自身的自卑心理，她们能做好吗？这的确是培养女“根子”的难点和风险所在。但我心里想，女“根子”也有许多有利条件。比如，这里的妇女比较容易打破关系网，因为她本人不是磨家姓。另外，她们是农业劳动力的主体，是劳动妇女，有一定的经济独立的能力。再有一点，她们一般相对直率、单纯，容易接受教育。最后我还想到一点是“土匪窝”的土匪主要是男人，没听说哪个妇女上山当土匪的。不过一定要选准，至少要求她男人不是土匪才行。当然，在考虑这些条件之前，这位女“根子”首先应是苦大仇深的，脑子清醒、反应快的智者，敢于带头、出头露面进行斗争的能者。条件挺苛刻，但我们不放松条件。同时也准备失败后再来，或同时再培养一个。

落户

我们终于发现了一个好样的女能人。为慎重起见，我们立刻从侧面去了解她和她家的情况。这是一位身体健壮、性格开朗、大胆直爽的妇女，我们都叫她阿婶。她在小组会上为了争个是非，能不留情面地争论说理，而且热心地帮助邻里。她的丈夫是个体弱多病的中年人，实际年纪不算很大，却有点老态，沉默寡言，很老实；不过他脑子清楚，磨家在村里的情况能讲得有条有理。他平时在家领着一个孩子，操持着一家的伙食，有时上山挖木薯和野菜，砍柴打草，干着一家不可缺的活计。他们一家住在一排又黑、又矮的茅草屋里，生活十分艰苦，甚至弄不到油，点不上灯。房子隔成三间：一间是他们一家三口住的卧室，一间是堆放杂物的柴房，还有一间是没有门的厨房。厨房里只有一口铁锅，一个用竹子编成的锅盖，已经黑得不能再黑了。家里女主人是主要劳动力，所有重活、累活都由她操持。我们观察定当后，我就提出要到他们家住下。这确实使他们感到为难，因为实在地方太小。怎么办？我当时请她把柴房收拾一下，只要有躺下一个人的地方就行了。很快，我们一块把那间堆放杂物的小房间腾出了一狭条的空间，垫上稻草，就算完事了。女主人告诉我，从来没有人到她们家住过，因为家里太穷了。男主人很细心，不仅告诉我生活日程的安排，日用品的放置地，以及使用方法等，还再三叮嘱，要我注意安全。他们家养不起狗，陌生人进来没有“预警”，最好晚上不要一个人外出行走。我问为什么？他说会慢慢告诉我的。工作组里的解放军老魏一直很照顾我，有时我去中队部开会，他还会送一程出山，接一程上山。我心里一直认为没事，让他不必伴随，但他总说这是上面交代的任务。他总是驳壳枪不离身，晚上开完会总是跟我一块走。我搬到“根子”家之后，他仍很注意周围的安全。老魏是河南农村长大的，文化是参军后学习的，在第四野战军当过步兵，后来当炊事兵。当时他已40来岁，非常憨厚、勤快，责任心强，是工作组里的老大哥。同劳动时，他是干农活的能手，只是同老乡们语言沟通上有不少困难。他很认真，不多说话，但说出一句也是很中肯的。他总提醒我，越是敌情不清，越要提高警惕。每天清晨，我们还没有起床之前，他总是悄悄地挑上一担水，把水缸灌满，然后对周围细细察看一番，并叮嘱我有事一定要找他。我心中非常感激，又非常敬佩这位默默奉献的老战士的高尚品德。

我住的小柴房确实很简陋，下雨会漏，也会从门外流进泥水来。好在那里的雨季已基本过去，秋、冬季节雨水已不多了。不过外面刮风时，屋里觉得比较凉。好在半山腰里风不算大，经过一天的劳累，回来倒头便睡，不会在乎屋里有什么好不好的。只要有软软的稻草垫着，能躺下休息就非常知足了。早晨醒来，常常只剩下我一个人在家，他们什么时候起床的，我一点也不知道。这时只听见远处敲梆子的声音，这是放牛的梆子声。敲完梆子，牛就出栏到野外漫步吃青草了。我赶快起床，按照男主人的安排，自己到厨房吃早餐。在厨房的灶头上放着一个大碗、一副筷子。旁边放着一小缸盐和一小缸姜末，我掀开锅盖，已经放着大半锅熬熟了的稀粥，全家一天三餐都在这里了。我用勺子盛了一碗，用筷子尖蘸了一点盐和在粥里，三下两下就吃完了。这就是这家人的早餐。午餐、晚餐仍旧一样，各盛上一碗粥，除了蘸一点盐，还可以蘸点姜末。一般我同他们一块吃午餐和晚餐。有一天女主人说，我的身体不好，脸色也差。说完拿出一只很小的缸子，用筷子尖蘸了一点油，放在我的粥里，他们自己却不吃。除了用大米熬粥外，经常还要加木薯粉，或者干脆熬木薯糊糊粥，有时加入一些切碎的野菜。这就是这家人常年的伙食，基本上没有自己种的蔬菜，更谈不上肉食和油。不知为什么，我吃了木薯之后总会拉肚子。他们告诉我，木薯本身是有毒的，挖出来之后，一端放在火里烧，在另一端就会放出“水泡”，他们说这就是“毒汁”。处理之后，就把这些木薯放在水里泡上一段时间，晒干后磨成粉，要熬透了才能再食用。不过，吃不惯的人就会闹肚子。这一家人，一年有一多半的时间要吃木薯和野菜，赶上秋收季节才能吃一阵子大米粥。这就是贫苦的农民，劳动一年，交完租子后的正常日子。我在这家“同吃”“同住”了两个月左右，我非常习惯在软软的“草床”上休息，一日三餐虽然千篇一律，但我已经习惯了青草香味的三大碗粥，加上姜末更是可口。当然，我更喜欢这一家人的憨厚、勤劳、热情、直率的性格。我们很快就建立起感情和友谊。但时间长了，我总是头昏、乏力，后来出现了夜盲。我很清楚，由于身体底子不好，加上常常闹点肚子，营养跟不上，自然就会出现这种现象。但是他们一家多少年如一日，根本谈不上什么营养，而且还要担负着繁重的体力劳动。他们的身体条件不算特别强壮，女主人还算不差，男主人患胃病，孩子却非常瘦小，脸呈菜色。真不知怎样帮助他们，我每月只能把全部伙食费5元钱交给他们，我希望他们能换点鸡蛋和油给孩子吃。他们则认为，孩子在村里长大后会结实的。也许穷人家的孩子就是这么弱、这么瘦，大家已经习以为常了。

我在他们家住了不久，很快就熟悉起来，话匣子也打开了。晚饭后，傍晚时刻我们总会在屋外围坐在一起，畅谈起来。因为没有油，也没有灯，我们不知聊到几点，直到孩子在他们怀中睡着之后，我们才各自回屋休息。他们俩都不识字，但都有惊人的好记性。他们祖祖辈辈生活在这个山沟里，所以对村里六七十户人家的家底能数落得一清二楚。连续好几个晚上，他们逐户逐家地讲给我听。从一家有多少人口，是哪家的血缘关系，他们的家境变迁历史，到这些人租谁家的地，地的位置，水源情况……总之，能记得多少，都能一点一点地说出来，特别是男主人更能娓娓道来。因为没有灯，我无法记录。只能用心地听，用心地记在脑子里，到第二天一早再赶快追记下来。这样做也有好处，因为村里的老百姓很不习惯别人当面记录他的话。有的是有顾虑，有的只是不习惯。如不记录，他们会更放松地讲。当然在追记的过程中也会有丢三落四的情况，那就再问清就是了。经过一次又一次的长谈，还有其他工作组同志也在努力深入了解，我们交换着情况，交换着看法，找出疑点，再分头深入了解。经过反复的验证，我们把材料详细地整理、汇总。我们发现这段时间是最深入、最全面的一次。村内的阵势已呈现在我们的眼前了。应该说：只有找了“根子”，找对了“根子”，才有可能把情况搞清。

土匪团长

原来，这里最大的地主正是附近山上的那个土匪头子。他是山上的土匪团长，他叫磨文龙。全村就数他家的地多、院子大，住的是青砖房。家里还有不少“小老婆”，为他家种地、干活。广西解放了，国民党军队撤走了以后，僻静的山沟里，偏远的山头上，土匪就开始活动了。他们接收了国民党留下的武器，作威作福，抢劫钱粮，扰乱民心，直至解放军剿匪后才刹住了这股土匪的嚣张气焰。但个别地区还隐藏着一些残留的土匪头目，他们一般都是村里的恶霸地主或土豪劣绅。当土地改革运动开展以后，他们就逃进山区，躲避村民们对他们进行清算。个别地区还有一些破坏土改的，他们进行杀害工作组干部或村里积极分子的阴谋活动。宁坡这个土匪团长，在我们工作组尚未进村之前，还常常隐藏在自己的大院里。当我们进村以后，便上山躲起来了。但山上没有吃的，天气又渐渐变冷，他们就要同村里的家属或土匪仔取得联系，拿到补给。在夜深人静时，有时会听到狗吠声；如到村边细细观察，可以看见隐隐约约的手电筒光在晃动。这就是土匪下山与村里人联络的信号。因为山上的土匪都有武器，我们赤手空拳，一般不会轻举妄动。当时山上有多少土匪还说不清，但他们分析不会有很多。因为这些土匪都是附近各村的地主、富农，他们是土匪头（官）。而土匪仔们自从工作组到这个地区搞土改以后，他们就陆续下山了。当年上山是由于贫穷所迫，以为当了土匪可以少交租，可以得到一些小利。但听说土改可以给贫苦的农户分土地，种田的庄稼人，谁不盼着有一份自己的土地？再加上土改工作组反复交代政策：只是对罪大恶极的土匪头子们要绳之以法；而对一些从犯或被欺骗的小土匪，只要报“上当”，下决心“洗手不干”，就不追究。为了全家，为了自己以后过太平日子，他们也得赶快下山。尽管土匪头子们也会吓唬他们：如果你们分了土匪头子们的土地，以后有好看的，永不得安宁、不得好死。在这种情况下，下山的土匪仔们都希望逼土匪头子们下山，以便分头打倒他们，以除后患。这时，村里的老乡们也都想把山上的地主、恶霸抓住、斗倒，以免造成“还乡团”。他们的主意是要想方设法断绝山下与山上的联系，只有断了供给，他们才会下山。但怎样才能切断他们的联系呢？就是要把村里同山上联络人的心改变，让他们转向贫下中农才行。同“根子”的长谈，不仅把村里的敌我阵线给划清楚了，同时收集到很多很好的建议和捉土匪头子的办法。他们自告奋勇，要去村子里串连，要动员一些积极分子设法把工作做到土匪窝里去。这时，男主人才说出了当我刚到他们家住时，他为什么提醒我要提高警惕，夜里不要独自行动。因为宁坡的土匪头子还有活动，在别的村里也发生过山上的土匪要借农民的手杀害工作队的干部，甚至出高价悬赏要干部的头，更多的是想把土改工作组逼走。或者想把他们的亲戚——贫雇农亲戚，拉拢在一起搞假土改。那就是让这些穷亲戚，积极争取当上“根子”，以便将来当上村里的掌权人，等工作组走了之后就可以反攻倒算了。所以，工作组一到村里，村民都十分注意工作组的工作人员到底听谁的话，跟谁亲。直到弄清楚、看明白工作干部的行动之后，大家才敢把心里话讲出来。他们很清楚只有彻底斗倒地主，把政权彻底掌握在真正的贫下中农手里，并且立刻组织好民兵，这样才能保证土改顺利进行，土改的成果才能留给千秋万代。

土改那些事儿

自从找准“根子”，扎好“根子”之后，我们的工作就开展得顺当多了。特别当“根子”四出串连之后，村里的积极分子不断地涌现。工作组的其他同志也都主动地培养了一些很好的积极分子。他们齐心协力推动了土改工作的快速进展。村里的老乡们已经能主动地找工作组的同志们反映情况，提出建议了。在这种情况下，我们决定集中力量明确斗争对象，并发动村民集中收集这个土匪兼地主的罪恶材料。同时，把积极分子的分工安排好，分头去做知情人的工作。这时我们对全村的阶级状况已大致有了一个谱，而全村农民也基本达成了共识。当然，通过斗争会的忆苦斗争，将会不断提高村民的阶级觉悟，使全村农民更加团结，斗争地主的决心更大、心更齐。所以，这一段的工作确实进入非常细致、非常关键的时刻了。在开展发动知情人工作阶段，工作组仍要反复地解释政策，特别是对于贫下中农中那些当过土匪仔、犯过错误的人，政府将如何对待的问题，要很好地分析、讲解。因为能否把斗争会开好，跟这部分人的反省、觉悟有着直接关系。在串连过程中，首先要启发知情人做到背靠背地揭发问题，同地主、土匪们划清界限；同时要鼓励这些人放下包袱，抛开顾虑，进行面对面的斗争。在这段时间里，对知情人做工作，促使他们提高觉悟，分清敌我，认清自己选择的道路，对积极分子来说也是一场教育。这会使他们懂得争取一个知情人，就等于壮大了贫下中农的队伍；如果不做这项工作，就会把他推到敌人的阵线里去。通过这些工作，他们也学会了工作方法，更懂得了共产党的政策。也许是出于阶级本能吧，我们的“根子”，以及她所串连起来的积极分子，工作十分出色，工作能力和积极性不断提高，受到了村民的拥戴。

有一天，来了一个年轻的小伙子，高个子。近看也不算年轻了，穿得破衣烂衫，蓬头垢面，脸黄肌瘦，拖着一双又破又脏的鞋，像是一个乞丐。但大家都说村里没有一个讨饭吃的。他悄悄地把我叫到屋外，找了个没人的田埂边，就地蹲着跟我说话。我问了他的名字，想起来了，这是土匪地主家的雇工，还是他们家的远房亲戚。此人上山当过土匪仔，为土匪们做过饭，也在半夜里当过联络人，给山上的人送过吃的、用的。但他的一家也是受害者之一。尽管这样，村里的积极分子们并不同情他。因此，他就偷偷地直接找我了。他跟我说了三件事。第一件事是老地主已经下山了，因为没人给他送饭，天气又冷，山上待不住了，所以半夜悄悄下山，现在躲在大院自己家里。第二件事，在地主大院里，地主住的青砖房里有隔墙，他们家的宝贵物品就藏在那里，现在还藏有枪和子弹。因为他毕竟不是地主的亲信，说不准藏品的具体数目和品种，但知道大概隔墙的所在处。第三件事说他自己是出于无奈才走了邪路，当了土匪。曾在山上为他们做饭，听使唤，但也受欺挨打。后来从山上回到大院做工，半夜还去送过饭，送过日用品。他还说了一些山上土匪头子中有别的村里的地主、富农如莫坡的地主等情况，说他们有时到没有工作组的村子里抢劫百姓们的粮食、家畜、财物。他主动揭发这些情况，也许是他听到或看到村里的土改行动迅速展开，想来想去，还是要为自己留条后路。我鼓励他继续反映情况，大胆揭发地主恶霸的罪行；同时，叫他返回原处，不许露出“马脚”。当然我还要事后验证他说的情况到底是真是假。我们一方面从侧面查清实情；另一方面安排好力量，不让地主逃出大院，还要准备力量挖开隔墙，看看虚实。他反映的三件事后来得到了验证，都是属实的。此后，我们立刻转入了紧张的行动和准备工作中去了。

就在这时候，又来了一个青年妇女，也是来找我的。她还没有开口就哭了起来。我自从到宁坡之后，在田头、村民的大会小会上，以及挨家挨户串门时，从未见过这个人。好一阵劝说后，她才平静下来。我跟她说，我不认得她。她说：“你当然不认得我，因为我是地主窝里的人，村里从来不会找我去开会，从来不会有人找我谈话，老地主也不会让我走出大院门的。但我在地主院子里不过是个奴隶，地主和地主婆管着我们，为他们干活，从种地到养牲口，从干家务做三餐饭到服待他们。稍不顺他们的意，便是挨骂、挨打、挨饿，甚至被赶出家门。我们这些小老婆在那里，就是他们家的一头牛、一只狗、一个奴隶，能算是地主吗？”说着说着她又哭起来了。她要离开这个大院，想要一份土地，要靠自己种地当个农民。我问了她大院里有多少像她那样的“妾室（小老婆）”？问了她的身世和院内的情况后，让她先回去，等我们商量了再告诉她怎么安排。

为此我立刻问村里的积极分子，并同“根子”一块商量。确实过去在发动知情人时，没有注意还有这个角落。广西山区里有钱的地主都会“娶”很多的“小老婆”。这些妾室多数家中很穷。地主买奴婢要花钱，又不体面（大部分是远房亲戚），因此，就改说成“娶小老婆”。她们在地主家名义上是妾，实际不过是干活的奴婢。她们跟地主和地主婆的地位完全不一样。当她们的亲戚知道要搞土改后，也会把消息传到她们耳朵里。胆子大的就来找工作组解决问题。看来对地主大院里的人群也要具体情况具体分析，不能一概而论。于是，我们就分头想办法去做大院里的工作，最终要把敌人真正孤立起来，才能彻底地斗倒他。

我们把情况弄清楚之后，就把我们对问题的看法，以及大多数农民对这些问题的看法，一块带到中队部去请示。我们在试点工作中，每逢一些关键阶段，或者碰到重大问题时都要到中队部集中汇报研究后，再向前走。之前，宁坡确定“根子”，串连发动积极分子，都要汇报。这时将转入斗争地主，准备划成分，没收土地、浮财等阶段，更要随时汇报。有时，中队部也会派人到各工作组实地考察。常到宁坡来的中队部的代表是清华政治系主任曾秉钧教授。一些地方干部陪同他一块走上几十里地来看我们，来了解工作的进程和工作中遇到的问题。他工作很认真，又谦虚。也许因为是“女根子”吧，他不但要同“根子”本人谈，还要同村里的男人谈。我当时心里有些不太服气，就向他嘀咕了几句，意思是如果我不行，最好把我撤了。他立刻说：你想到了哪里去了，这里山区大部分是妇女务农，妇女当家做主是理所当然的事。但是世俗观念很难改变，这里出了个“女根子”，是件好事，但也需要从各方面了解些反映才会更踏实些。他说他认为“根子”和扎“根子”的人，都付出了很大的代价，因此也很理解我为什么会说出那些“不中听的话”。隔了20年以后，我们在北京大佛寺偶然相遇时，他还提起这件事。从那时起他就叫我“要强的姑娘”。这次是这位老师到宁坡来实地考察，并同我们一块讨论，倾听大家的意见，最后还是同意我们要区别对待的想法。这时，他十分欣赏我们这个村对知情人的工作下了这么大的功夫，并说可以开斗争会了，还说“到时我们都会来参加的”。

在那段时间里，村里人人都十分活跃，很多人到工作组来反映情况。有提建议的，也有一些曾随地主上过山、代地主收藏过金银财宝的，大家都纷纷来报“上当”，真是热闹得很。而民兵们不分昼夜地看守着地主大院，以防止地主再次逃上山去。经过我们充分准备，大家一致认为材料已经核实了，上台主要的控诉人的工作也反复做到了家，应该尽快召开斗争大会。在一切准备就绪的前夕，我们没有忘记向积极分子交代在斗争会上要以说理斗争为主的道理；对一些顾虑较多的村民则强调要他们抛开顾虑，尽管倒出祖祖辈辈的苦水。对我们这些第一次组织斗争大会的学生来说，老是怕准备不周，有什么疏漏。当然，“根子”这一家，在斗争会的前夕，一夜也睡不好，深夜还到地主大院周围看看是否会出现什么问题。他们希望通过一两次的斗争大会，一扫地主、土匪的威风，想把压在他们头上的石头搬掉，真正实现贫下中农扬眉吐气、永世不再受老财们欺压的理想。大家也明白斗倒地主并非一两个人就可以做好的，而是要全村受苦受难的农民紧紧团结起来，才能把事情办好。因此，大家都把希望放在斗争会上，希望通过斗争会上的控诉，激发起农民的阶级仇恨，从而提高大家的觉悟，使土改的进程推动得更快。为了打开局面，我们花了很大功夫、很多时间。如果前一段工作扎实，那么斗完地主，很快就可以转入划分阶级、没收地主的土地和浮财阶段。随后开展分配胜利果实及建政建制的工作，土改就算胜利完成。

应该讲，那次斗争大会是比较成功的。会场上挤满了人，全村出动，邻近的村子也来了不少人。出来诉苦的，不分男女老少，一个接着一个。祖祖辈辈的苦水，真是倒不完。有的说着说着就哽咽住了，大家再帮腔，鼓励苦主继续说下去……多少人泪流满面，义愤填膺。尽管他们住在一个村里，还是同姓、同一个家族。但是一家与一家所受的苦、遭的罪并不一样。过去，苦水只能往自己肚里咽，近亲近邻也只知表面的情况。这下子大会一开，可以彻底把苦水倒出来，要地主认罪。听了这些血泪控诉，贫下中农彼此更知心、更团结了。

斗争会开过之后，工作很快就铺开了。当然，工作也十分繁忙，还要划分内部的阶级成分，要没收地主、土匪的土地、浮财，要征收富农多余的土地……也正是这个时候，莫坡的工作也同时开展起来了，并且也安排了对地主的斗争会。但莫坡不像宁坡那么顺利，在斗争会上地主就是死不认罪，引起了农民的愤怒，一些积极分子着了急，上来就把那个恶霸地主上了过去他对待贫下中农的那套酷刑，让地主来尝尝味道，以逼其认罪。但是逼供之后，大家并不信服，有的则在一旁观望。积极分子勇猛地斗，但地主却斗而不倒。这就是土改中最忌讳出现的“夹生饭”。我们心中更着急，但只能“顺势”暂停。总结原因后再

“补课”，再重新做好发动群众工作，等准备工作完成后再开斗争会。说到底，是我们对莫坡的工作做得不细，从而造成了最忌讳的“夹生饭”。我们同村里的积极分子商量如何“补课”？一方面，要组织积极分子分头深入做知情人的工作，要把地主的“后院”知情者动员起来，使其“后院起火”才行；另一方面，中队部考虑组织一次几个村联合的斗争会，并以宁坡的土匪头为主打对象。因为已打倒的宁坡土匪团长对四周邻村的地主、土匪的情况是了解的，斗争他可以起到敲山镇虎的作用。当然，这先要对宁坡的土匪地主反复交代政策，做一番深入的工作，才能让他吐出实话。各村还要很好地配合工作，联合斗争会才有可能奏效。大家认为，这个办法还是有效推动各村土改进程的一个好办法。我们便按照这套想法分头做了准备。

正当宁坡全村老少和工作组的同志日日夜夜忙得不可开交的时刻，宁坡却发生了意料不到的事。当时，我们既要忙着没收土地、浮财，又要准备内部划分阶级成分。一天，我们工作到深夜了，突然有民兵来报告土匪地主不见了，并说没多久前还看守着他，一会儿就找不到了。为了抓紧时间把他抓回来，立刻集合了全村的民兵和积极分子，拿着棍棒，由几个熟悉山路的民兵带领着纷纷上山搜索。我们工作组的一些工作人员也随着他们一块摸黑上山。我们踏着看不清的小路，一脚高、一脚低地慢慢地爬坡。那天夜里，没有月亮，连星星的影子也没有，确实是坏蛋窜逃的好机会。山里十分荒野，我们人数不少，只听得沙沙的脚步与草丛的碰击声。但是敌人只有一个，他听到沙沙的声音，就会知道有人来抓他了。他只要在草丛里、大树下隐蔽起来，就很容易逃过大家的追捕。我们几十个人决定分成几个小组，形成一个包围圈，力求周密细致，不求太快地向山顶合围，以免打草惊蛇。我们用棍子探着路，细细地听着周围的动静，慢慢地搜索、前进着。夜深的山里是比较冷的，整整一天的劳累，在这时已经忘却。不巧的是白天我吃的是木薯粥，照例肚子会闹点“意见”。山上没有厕所，我只好找一个隐蔽的树下方便一下。这时，另外一件事却发生了。不知是哪个民兵小伙子，发现树下有“隐藏者”，竟误把我当成了“逃犯”，在黑暗中突然摸将过来，以迅雷不及掩耳之势按住了我的脖子，使我有口喊不出声、还手无力……我顿时被窒息而昏迷，神志突然不清，从此对四周所发生的一切就一无所知了。等我明白时，已经躺在床上，全身无力，动弹不得，也说不出话。大家不容分说，就把我送往南宁医院并住下了。我事后才知道，当我昏迷后工作组和民兵们马上发觉这是一次大误会，竟然在黑暗中误把工作组组长当成“逃犯”了。因而大家很快就把我送下山，随即送进了医院。在医院经过检查，医生认为是体弱受惊，其他基本正常。

半个月的住院生活，对我来讲反差太大了。一直过着紧张、忙碌的日日夜夜，突然掉进一小间宁静、白净、单独一人的房间里过日子，太不习惯了。医生诊断不出我有什么了不起的病。医嘱只是说吃营养饭、充分睡眠，不用很久体力恢复了，就会好的。医生、护士都是这么告诉我的。我自己也认为，只因为身体底子差，长期睡眠不足、营养跟不上，自然会虚弱无力，随之夜盲、贫血、低血压等都乘虚而来。我1.66米的个子，体重还不到40千克，确实不成比例。从精神上来讲,自到宁坡工作以后,一直处于紧张状态中。实际上，像我这样一个才20岁的学生，本来就不具备什么斗争经验，只是由于个性比较要强,总不愿把事情搞糟了，而偏偏又遇到了比较复杂的土匪寨子，尤其是莫坡的工作出现了“夹生饭”、逼供信；过几天又要召开联村斗争大会，而主要的斗争对象却不翼而飞。这一切，对我的精神压力可谓从天而降。恰恰半夜搜山时又碰上了突如其来的误会袭击，受惊不小，以至于病倒进了医院。这一切都似乎顺理成章。但是，医生并不完全了解这一切，理所当然也开不出什么药来。医生只是说由于过度疲劳和营养不足引起的神经紧张，叫我好好休养，也算是对症下药了。半个月的休养，好吃、好睡，还真见效。很快我就能自如地活动、阅读，只是觉得非常寂寞。我心中一直惦记着工作组的一切，宁坡和莫坡的一切，以及在“根子”家门前黑夜中的长谈，甚至还忘不了他们家那碗清香的白粥，有滋有味的姜末，这使我一辈子养成了爱吃姜的偏好。

终于等来了看望我的同学们。我特别高兴地知道了可恶的土匪地主很快被抓住，宁坡的工作进行得顺利而迅速，“女根子”终于被村民选成了村长。他们告诉我第一批试点工作已结束，大家正集中总结、休整，而且把集中的住地、第二批土改队出发的时间和地点都告诉了我。我请同学们带口信回去，让土改团的领导赶快为我办理出院手续，以便随大家一起出发。但等了两天一点动静也没有，医院的医生也说没有人来办手续，也没有人告诉医院让我出院。这真叫人着急！心想他们就要出发了，以后让我独自一个人去新地区也很不方便，何况我身无分文。于是心里暗下决心，如果当天黑夜之前他们不来接我出院，我就自己采取行动。我无法同医院结账，唯一的办法就是“逃跑”。我记得最后一天可真紧张。首先要设法把自己的衣服从护士手中弄来、藏好，又要提前探清没人看守的路径以便顺利逃出医院大门。毕竟我从来没有干过这种事，心中不免有点慌张。一切准备就绪，就是等不到来接我的人。于是就横下一条心，于次日午休时刻，等工作人员都休息了，我就很顺利地逃出了医院。随走随打听，我很快就找到了土改团集中的驻地。我很是高兴，却也让同学们大感意外。

原来土改团的领导准备把我送回北京休养。理由是我身体差，怕到新的工作地区后适应不了艰苦的条件。事实上，他们对我致病的详细情况和原因并没有弄得很清楚，事后也没有去深入了解。只是主观认定我是一个“年轻小姐”，经受不住艰苦条件，才得了这场病。把我送返学校休养，这是他们对学生的关心。我听了十分生气，但又不想多说。正好，那天夜里挨着中队的学生头头打地铺，我便向她提意见：为什么不到医院里看看我的病情？为什么不认真地了解一下我致病的原因？为什么没有找当时上山捉匪的工作组同志和民兵了解误会袭击我的事？为什么不征求我的意见就想把我送回北京？我还说：正是你们的这些做法才逼我逃出医院……总之，一夜的辩解、磨嘴皮，我就是不肯回北京。看来，她终于被我说动了；但她又说要等到天亮后，同团部商量才能做最后决定。团部经过研究，终于决定让我留下了。当天，班上的同学整装出发到广西东南部的贵县开展第二批土改工作。我则被安排到土改团的团部参加第二批土改工作，地点是邕宁第十三区。

邕江江畔的彩虹

已经是1952年的初春季节，广西第二土改团的团部就设在邕江江畔邕宁第十三区的麻子畲。这是一个充满亚热带气息的美丽小村，站在江边既可以看见旭日东升也可以眺望多彩的晚霞。总有大大小小的帆船、拖船、木排在江中川流不息。在麻子畲的对岸是一个颇具规模——现在看来真不算大的集市，每逢阴历的初三、初六和初九，附近村子的村民都会到那里去趁墟（赶集），很是热闹。在麻子畲的村口，老远就可看到一棵大榕树，就像一座天然的迎客亭。人们走到村口，自然而然就会走到茂密的树阴下，坐在隆起的树根上歇歇脚。村里也经常在大榕树下召开村民大会。土改团的团部就设在进村不远的一个大户人家的大堂内。

我随着团部和中队工作组的大队人马到了麻子畲。跟我一块同行的人们，我一点也不熟悉，只知道有一部分清华经济系三年级的同学，一批北京来的文教界的知名人士，广西政府单位的干部，当地文教界的干部，当然还有团部的负责人。除此之外，还有一个医疗队。分配给我的任务是当医疗队的翻译，在团部当秘书，还兼团支部支委工作。由于健康原因，团部叮嘱我不要独自到周围村子里“串门”。这一系列的安排，我搞不清该如何去应对，但我心里很清楚，这是对我的照顾。进村以后，便安排我住在医疗队的药房里。这是一份好意的安排，可能因为我身体不好，放在医疗队工作，可以得到及时的照料吧。事实上，医疗队里大部分是南宁各医院派来的大夫和医务工作者，基本上不存在语言的障碍。让我当医疗队的翻译，可能只是为了安排我的工作而已。但我想不应该拒绝这份好意，也不要再给别人增添麻烦，所以还是老老实实地到医疗队报到了。

医疗队的“大本营”就设在团部所在地后面的一个小祠堂里。中间一个厅是医疗队的门诊室，有需要的时候就可改成“手术室”。在大厅的两侧各有一间“耳房”，一间作为药房兼卧室，另一间是堆放手术用具、消毒用品等杂物的，也放了一张床。在祠堂外，有一排矮小的茅屋，大约隔了五六间小房，还有一间厨房，小屋里堆放了一些农具和杂物。我们到后，就把所有的房间小心地打扫了一遍，布置得整洁一些。祠堂外的小房间也一一腾空，打扫干净后，放了不少稻草作为褥子，以供一些临时需要的病人休息，或作为留下观察病号的“病床”。看来，一个小规模的医疗站就落成了，估计一定会有不少病人来就医的。

医疗队的队长是广西医学院的外科主任李医生（可能叫李振庆，记不太准了）。他是一个个子不高，体格粗壮，说话声音洪亮，精力充沛，动作敏捷的中年人。他直爽地欢迎我的“加入”。我说我对医疗一窍不通，怎么“加入”？他告诉我，医疗队本来有近80人的，因为北京各大医院任务繁重，北京来的人员已陆陆续续回北京，现在留下的基本都是本地区的医务人员。目前，北京留下的还不到10个人，过一两个星期就要全部撤走，最后可能只留下一个人收尾。喔，加上你，正好两个人。反正，你跟着我们干，能干多少算多少，慢慢熟悉起来，不要怕就行！他安排我的第一件事，就是立刻把药房接下来，叫我住在药房里，每天要按处方拿药。但首先要把药名都记住，不得弄错；同时要随一位助产士当“新法接生”课的翻译，因为她不是当地人。其他的医生要到各村去巡回医疗，有的还要去麻风村看病。

确实，让我干这项完全陌生的工作，我毫无思想准备。但是，我还是自信会慢慢把工作做好的。使我最高兴的是医疗队并没有把我作为一个病号来对待。所谓药房，当然不能跟正规医院的药房的规模相比，在侧房里用两块木床板搭成的桌子，就可以放置所有的内科常用药品。当然药瓶都是比较小的，否则放不下。外科用药以及一些手术用具都放在另一个侧房内，一盒一盒地堆着。原来负责药房的是一名从北京“南下”的医士，他非常耐心、细致地向我介绍情况，交代了主要药品的性能、分类的方法、放置的规则、注意的事项等。他特别提醒我要注意用药的剂量，一定要认真核对，不要出错。至于一般的药品，他就不一一解说，而是拿了一本小册子，让我自己查对，逐一记住。交代完工作后，他便参加巡回医疗小组去了。一般巡回医疗小组出发后，要过好几天才能回来，在“大本营”里只留下队长和我两个人看家。队长的任务就是承担门诊工作，接诊疑难病人和急需手术的病人，并处理临时发生的问题。开始几天，门诊人数不多，可能是医疗队刚到，附近的村民还不知道。正好让我有时间背药名，熟悉有关药和外科用品的一切。同时我要为那位助产士做翻译。她在当时组织了一个“新法接生”讲习班，附近的每个村子都要派一个比较明白的中年妇女来学习。她不但给他们讲接生过程，讲卫生消毒知识，还要教会他们实际操作（用模型）。这样，每天也过得十分充实。

每天上午总会有一些病人来就医，大多数是本村或巡回医疗组介绍来的，当然还有些土改工作队的同志。这时，李医生就会给他们看病，还叫我在一旁让我好好听着是怎么看病的，怎么开处方的，怎么向病人交代的。他还要同我一块拿药，还教我打针，以及如何为一些长疮、长疖子的病人消毒，上什么药，如何包扎等。他一件一件地告诉我，还要看我操作。有一次，不知是什么原因，药瓶上的标签没有了，我拿着处方却找不到药。我只好去向李医生请教，这才发现好几个瓶上的标签不清楚或丢掉了，他细细地看看药的外形，拿出一粒咬开尝尝味道，然后告诉我这是什么药。当然，对有的药他也尝不出是什么来。他要求我也要照他的办法去做，先尝已知名字的药，把药名、性能、用量、服用方法、放置的地方都写好、记好。这些药都是最简单、最常用的，一定要准确无误，很快地拿出来。如半夜发生情况，在灯光不足的条件下，也要做到像白天那样准确。他要求我尽快学会、练好这套本领。说实在的，他教我时很认真，确实也挺累；但是医疗队里人手少，他已经整天在不停地干活，什么事都只好自己干。他很清楚，以后病人会不断增加，他一个人支撑着这个门诊室是会忙不过来的。因而，他非常希望有一个助手，帮他做一些具体事情，以便他能腾出手来多为病人看病。但他面对着一个从未接触过医务工作的体弱大学生，不知道该怎么安排我的工作才算合适。有时他安排了我一项工作，刚说完，他就自己动手干起来了。而我，虽然是个生手，但从第一天开始就十分认真地学，小心翼翼地取药，用心地观察着他的一举一动。我不去想自己是否能做好这份工作，只想着尽自己所能赶快学会，尽自己一分力量，为他分忧，把医务室支撑起来。所以，对一切都比较坦然。

第一次参与“战地手术”

就在我刚踏上新岗位不到一周的一天晚上，突然送来了一位伤员，他是附近村里的民兵，被“土炸弹”炸开了右手的手掌和手指。这位医疗队长非常熟练地边穿上手术衣，边叫我把手术盘拿出来，尽快点上所有的灯——一盏马灯和一盏油灯，拿上手电筒，把两张桌子一并，拼成临时的手术台。他叫伤员躺好，接着就注射麻药，动手术……他一边干，一边嘴里命令我干这干那，每说完一句接着一个“快”字，他把陪伤员来的老乡都请出屋外等着。他一边帮着伤员止血，一边清洗伤口，还不停地告诉我手术盘里放的手术用具的名称，叫我记住。他要什么，就得迅速地把工具递给他，不能弄脏，也不能搞错。“好，开始”“止血钳！”“刀”“棉球”……最后喊着“针”“线”“快穿好针”……经过一番忙碌，他终于把伤口“清理”好、缝好。我定睛一看，伤员的一只食指已经没有了。他就放上消炎药，把手包扎起来了。前后不到一个小时，手术结束了。然后他嘱咐那些陪同伤员来的老乡，送他回家，给了他一些药，说清了注意事项及拆线的时间。这是我第一次看到，或者说是第一次参与的“战地”手术。这时，我才深深地舒了一口气。虽然我感到很突然、很紧张，但我还是比较镇静，和主刀大夫配合得还可以。他也表示了“没想到”。他立刻提醒我，赶快到厨房（团部的）弄点晚饭，填饱肚子，明天好干活呀！

原来这个地区，包括桂北的十万大山、桂西南的一些山区，都是土匪比较活跃的地方。解放军经过近一年集中的剿匪活动，基本把一些土匪的聚集地收拾干净了，现在只剩下一些残余分子。但土改工作组刚进村还不熟悉情况时，他们仍不甘心灭亡，还在做垂死挣扎。也正是在这种情况下，还会出现一些“伤员”。但比起过去少得多了。像这次碰上的还算不上重伤员，在医疗队里就可以处置了。如果碰上重伤员，就要组织力量，立刻转送到南宁市的医院处理。因此，我们这个医疗队既是一个重伤员紧急处理的转运站，也是自力更生急救轻伤人员的医疗站。不过随着土改工作的深入，这两重任务也就减少了，这也是医疗队里大批医务人员陆续撤走的条件。

一只掉出来的眼球

过了几天，半夜里又送来了一个用担架抬来的解放军伤员。医疗队长每逢这种时刻，他就像一个指挥官似的，不容抗拒地下达着一道又一道命令。他喊着说“快去找一个像鸡蛋大小的茶杯或酒杯来，快！”。半夜三更的，上哪儿去找？十分凑巧，祠堂里倒有敬酒用的杯子，也有插香用的形如茶杯的香座，只是很脏。我不顾一切地爬上祭台，取了下来，赶快洗干净消毒后递给队长。这时我才看清楚了，伤员满脸是血，整个左眼的眼球掉出来了。我吓了一跳，害怕极了。但我终于屏住气，把自己的情绪控制住，帮着队长边止血、边打止痛针、边清洗脸上的血渍。一阵忙乱后，我们小心地把那掉出来的眼球叩在杯子里，然后对准眼眶固定住，再用绷带紧紧地包扎起来，让病人躺在担架上，嘱咐他的同伴们赶紧送南宁医院治疗。真像打了一场仗，一切都要当机立断，动作快捷，分秒必争。送走这个重伤员后，我们才定定神。队长问我感觉如何？我说，我第一次看到这样的伤员，可怕极了！他认真地跟我说：这是不好看，难看极了！但是一定要想着，我们是在抢救一条性命呀！责任感，高度的责任感，会使你克服一切地去救他！这样，见多了，有了锻炼，也许就不怕了！不过他还是认真地夸了我："你表现不错，够胆！快休息吧，事情越来越多了，要顶住呀！"那天晚上，我说什么也睡不着，一闭眼就仿佛那只掉出来的眼球在我眼前晃来晃去的，直到我实在太困了才入睡。我当时很想知道那些年轻的医护工作者遇到这种情况会有什么感受，他们是怎样度过这些"第一次"难关的？

日子一长，每天的门诊人数就越来越多。周围几十里外的村子已经知道土改团带来了医疗队，到各村去做巡回医疗的医生也转来了不少疑难病人，还不断送来一些要急于动手术的病人。队长已经忙得顾不上睡。最后，只得把巡回医疗队撤回来，集中在"大本营"里，一部分医生看门诊，一部分医生则分担手术工作。而我则侧重于做拿药、打针、换药之类的活，常常也是忙不过来。为了保证起码的卫生条件，我们在祠堂大厅中间吊起大张白床单，以防止屋顶有什么脏东西掉下来；在中间的手术台也经常换洗着垫布；在手术台四周围，也用布紧紧地围了一个方形的布幔；好像真有点手术室的意思。当病人做完手术之后，就让他们在祠堂外的一排小屋内休息、观察。只要病情稳定，就请他们赶快离开，以便周转使用。经过近半个多月的实践，我已经比较习惯了这种工作方式，心情也不像刚开始那样紧张了。但是“好景不长”，一声令下，突然要求所有医务人员都要回原单位工作，毕竟医务工作者在中国任何地域都属于紧缺的人才。当他们临行前队长还在“手术室”里为一个患骨髓炎的病人做手术。他还是按照老规矩，对我发号施令，要我快到村里找一把锤子或一把斧子来。我二话不说，跑了几家，抓了一把老大的斧头回来了，清洗消毒后递了过去。他不慌不忙地继续手术，但这次有别的大夫做他的助手，不用我去帮忙了。手术结束后，他考虑到遗留的病人比较多，还是留下了一名医士，同我一块“守摊”，处理善后，然后他才离去。

从看摊到接生

医疗队所有成员（除一名医士）撤走之后，这个小小的门诊室并没有停止“营业”，但像“动手术”这样的场面再也没有了。然而长期缺医少药的村子仍然不断地有病人来就医。他们体会到土改队进村以后，不仅带领着大家搞土改，带领着大家过好日子，而且还带来了医疗队，一种对党对政府的信任感，具体化为对土改工作队和医疗队的信任越来越深了。因而，村里的老百姓不管大病、小病都会找上门来。我们告诉他们真正的医生已经回单位了，我们留下的两个人不能为更多的病人看病了。但他们听不进去，只要看见有人在“门诊室”里，就要求我们为他看病。我们非常理解这种心情，但只能尽力而为。当时我们做了一个简单的分工，医士不再到各村做巡回医疗（除个别遗留的病人，有特殊需要的才去），而是集中力量支撑着门诊。一方面要为新来的病人看病，另一方面要为做手术后留下的病人继续治疗，还要每隔一段时间到南宁市内去领药。而我所承担的任务主要是发药，以及简单的外科处理和打针等护理工作。但如果我一个人看摊时，则对发生的所有事都要尽力承担起来，包括一些简单的常见病，并开药、打针。但只要遇到一些重病、疑难病，或者叫做不会看的病，都设法让他们到南宁的医院就诊。这就是我到麻子畲刚刚一个月的时间土改团部门诊室的变化。我从那时起工作比刚开始时要忙得多，只是不像当初那么紧张了。有时，也会遇上一些意想不到的事，有的事至今记忆犹新。

有一天，正逢我一个人在“看摊”，一位村里的老人家扶着一个身体健壮的中年妇女来找我。他神色紧张，嘴里不停地唠叨着：“你一定要帮个忙，媳妇一直没为我们家留下一个孙子，是个‘滑胎’呀！”原来，这家人的主要劳动力是这位媳妇，怀胎七八个月了，仍不断地在田间劳动。那天挑了一担水，在回家的路上，就滑倒出事了。家里的老人很想抱孙子，所以艰难地带着媳妇到门诊室来求救。看样子，她的肚子特别大，像是要流产了。这时我已经无法找人来帮忙，但心中又没有底，毕竟我只是为助产士做过口头翻译，像鹦鹉学舌一般讲新法接生的全过程，而从未见过真的病例，更没有亲自操作过。现在出现流产了，书上可没有讲怎么办，书上讲的一套产前准备和卫生消毒的程序也来不及用了。事到临头，我只能急中生智，硬着头皮干起来。一边让老人家帮着赶快煮水，一边把白床单铺在地上，把病人扶到靠土墙的地方，背后找了一些稻草垫着，铺上干净的布，让她斜靠在墙脚那里。一切安顿好后，赶快准备好一切，把我还能记住的用品，什么剪子、酒精、棉花、纱布、消炎药……都集中放在“产床”边上。正当这时，老人家跌跌撞撞地拿出一把长满铁锈的镰刀来。他说这是一把放在观音菩萨身后的镰刀。村里谁家生孩子，就用这把镰刀切断脐带，说这会给孩子带来好运的。我来不及跟他说明这种迷信方法的害处，叫他赶快放下，离开。心想难怪总留不下一个孙子、孙女，大概就是这把镰刀害的。就在这个不知所措的过程中，产妇却已经不由自主地生下一个孩子了。奇怪的是怎么一点哭声都没有？我仔细一看，原来是一个不会呼吸的死胎，把我吓得愣住了，怎么拍也不顶用。正在手忙脚乱地忙乎中，谁知又产出一个哇哇大哭的孩子，真是太意外了，没想到是个双胞胎。我真是太高兴了，毕竟有一个活着、会哭的孩子降生了。我赶快对孩子和大人进行一些像书上讲的那样的消毒等操作。尽力按照规定的程序去处理。我先让产妇躺好休息，再仔细把孩子包好，这才大大地松了一口气。这是我一生中唯一的一次接生经历。当我踏出门外，就看到产妇一家人及其邻居们都守在门外。他们第一个问题就是问孩子是男的还是女的？根本不关心产妇和孩子是否健康，而我当时紧张得连是男是女也没有注意，只注意了是死是活，甚至还不敢说还有一个死胎。

我在医疗队里工作了不到半年的时光，确实过得十分紧张而又忙碌。开始心情比较紧张，过了一段比较适应，紧张的情绪有所缓解。但当医生撤离后，又开始了工作紧张的局面。有时“突击”为村民们注射预防针，整整五六个小时站着工作，不吃不喝。有时也会感到头晕、眼花，快站不住了，才停下来缓一缓劲。不管怎么样，尽管自己体力不好，但能承担这份意想不到的工作，而为之付出劳动，心中还是十分高兴的。到后期，因为长期药品供应不足，来看病的村民相继减少，而重点只是为土改工作团的工作人员服务了。就这样，这个门诊室一直坚持到邕宁第十三区的土改工作结束，才彻底收摊。

现在回想起来，尽管自己从未学过医学，但在医疗队长李医生的热心指导下，为了适应工作的需要而不停地“临渴掘井”，读了不少应急用的通俗医学书。所有这一切，使我在走过的人生道路上得益不少。我记得从1969年起下放到“五七”干校劳动时，我还能拿起注射器为冶金部机动司的下放干部董仁远同志做静脉注射；家人有时有点头痛脑热等小毛病，知道该服用哪些常用药。而且长期以来，我对医学书籍的学习、阅读的兴趣一直不减。然而，留在我心坎中最深刻的还是那些在艰苦环境里的白衣战士的精神风貌，尤其是医疗队的李医生，他那种救死扶伤、忘我劳动的拼命精神，真是令人肃然起敬。他对年轻人的为人、为民、为医的品德教育，深深地教育了我，使我不能忘怀。同时广大农村缺医少药的悲惨情景，也给我留下了难以磨灭的记忆。同大城市里的医疗条件比较，中国农村的农民真是太苦了！

团部工作剪影

我在医疗队工作的同时，还要抽空到土改工作团团部整理资料，这就是团部秘书的主要职责。总体来说工作量不算大，特别是当土改工作组刚进村时，工作尚未深入开展，各地报到团部的材料比较少。到中后期，情况比较多了，任务也逐渐增加。正好医疗队的任务在土改后期逐渐减少下来。就这样，在第二批土改工作中，我才能兼顾做好两方面的工作，而不至于顾此失彼。我在团部的任务主要是将各地工作组报送的材料加以整理，送往团部有关领导研究审批后，再转达到各工作组。例如，对各村中有些罪大恶极的恶霸地主，不枪决不足以平民愤者，需要各工作组将有关材料报送团部批准才能执行。而报送的材料，有的需要进一步与工作组沟通，有的要补充、核实，然后整理加工，经团部讨论决定才能批复。此外，还要为一些由团部主持的工作当帮手。例如，当时准备在南宁搞一次大型的广西土改展览会，我在这个项目里要做一些配合的工作。

在团部工作中，给我留下记忆较深的是参加筹备广西土改展览会。自从团部决定做这项工作之后，很快明确了分工，并由各方分头收集典型材料。当时分担这项任务的同志，仍然要继续完成工作组原来的任务，而尽量挤出时间来完成展览会的分工内容。当然，团部有一些有利的条件——一批知名的文艺工作者，大部分都在麻子畲附近的一些村子里工作。例如：知名的作家田汉、安娥、李又然；诗人艾青；雕塑家滑田友，画家李可染（注38）、张正宇、（注39）孙宗慰（注40）、阳太阳；还有音乐家张定和等。为了做好展览会的工作，他们可以各显其长，各显其能，其中有好几位都热情投入了这项展览会的筹备工作。

在收集典型材料时，虽然有一些书面的恶霸地主罪行资料在案，但是仅仅靠书面材料作为展览会的展品是达不到形象逼真、生动感人的效果的。因此，在确定采用哪些材料作为典型之后，就要在原有基础上做进一步的细致的了解，直到将其形象化、具体化，才能作为艺术家们加工成大型泥塑或大幅图片画面构思的依据。只有将这些雕塑、画和实物组合起来，才能成为展览会上的展品。有一次，艾青同志给我们介绍了一个典型实例——《吃人的恶霸地主》，事情就发生在邕宁第十三区的一个村子。村里的这个恶霸地主得了恶病，怎么也治不好，后来弄了一个“偏方”，说是要吃男童的心脏才会治好。而对小孩心脏的要求是，越小越好，越新鲜越好，最好是新生儿的。于是恶毒的老财下令家丁们到村里到处搜寻，只要打听到哪家有一岁以下的男婴一律捉来，活活杀死，取出心脏生吃。男婴的尸体就挂在树上让家人取回。整个村子为之震惊，但又无法反抗、不敢反抗。从此，这个村里只要有怀孕的妇女，就要躲到离村子很远很远的地方或去不为人知的亲友家中，没有条件的只好躲到深山老林中。如果生下的是女孩她们才敢悄悄带回家来抚养，如果是男孩她们就不敢带回村里。如果不幸被老财的家丁知情，就会全家遭殃，家丁们非得把孩子抓到手，活活送进虎口不可，甚至家中的大人也有被杀害的。多少年来，这个恶霸地主杀死的大人和小孩，估计多达几十人。搞得不少贫苦农民家破人亡，全村都在惶惶度日。土改工作组进村后，大家觉得讨还血债的日子到了，召开斗争会的时候到了。实际上，斗争会根本开不下去，因为村里被害的农户和许多妇女都带着利器要向这个恶霸地主讨还血债，誓言要扎死这个恶霸地主，才解心头之恨！当然，像这样一个血债累累的杀人恶魔是一定要法办的。当时团部批准立即召开公审大会，并当即执行枪决。召开公审大会那天，会场设在村外一个河边的沙滩上。附近一些村子的许多村民，都从四面八方赶来参加；四周各村工作组的工作人员也都前往参加了这次公审大会。开会前，各工作组的工作人员都做了许多工作。首先，告诉村民：对这个恶贯满盈的恶霸地主，千刀万剐也不为过；他死有余辜，一定要做到血债要用血来还。但人民政府是按政策办事的，一定会依法处决。所以，要劝阻大家不要自己动手，而是让法警依法枪决。尽管做了不少工作，但仍有不少村里的妇女手里拿着剪刀、菜刀、棍棒等奔赴会场来了。民兵们只得把被斗的恶霸地主团团围住。一个接一个被害家属纷纷上台控诉。会场上个个都是满腔仇恨，口号声不停！最后宣布立刻执行枪决，民兵们尽力把罪犯同村民隔开，才没被砍着、扎着。民兵令其走到河边，这个恶霸地主拼命地向河边奔去，直到“砰”“砰”两声枪响。

参加那次土改工作的同志们，体会最深的一点就是，要特别重视“一切都按照政策办事”，来不得一点马虎。当然，在展览会上也要着重体现“按政策办事”。首先，要体现出贫下中农土改前后生活的对比，要体现出群众如何把剥削制度推翻、劳动农民翻身做主人的情景。然后，要说明对不同对象执行区别对待的政策。农村中的地主阶级，只有对恶霸地主才绳之以法。而一般地主，只是消灭剥削制度、剥削阶级，即没收其土地及剥夺其一切特权，而对地主本人还是会给他一份土地，监督其劳动，使其通过劳动改造成自食其力的人。全国地主约占农村人口的4%左右，要改造这批地主是一项很繁重的任务。对农村中的工商业者和富农的政策，也是那次土改中特别引起注意的。如何掌握得恰如其分是十分不容易的。在邕宁第十三区里，最大的土地拥有者（约120多亩）是一个工商业者。他一直在城里经商，具有一定的文化程度。他在村里购置了大量的土地之后，出租给农民。但他不在村里经营土地，而是要找“代理人”办理。其地租的水平与周围各村的情况大致相当，也没有恶霸的罪行和血债。但这个村的村民对土改的积极性不如别的村，因为他们认为种地主的地交上租子是“正常”的，而不认为租子本身就是一种剥削。也有的农民认为如果要没收他的土地，那么他城里的几间商店也应该没收，因为我们的租子成了他做生意的本钱。在这种情况下，土改工作组的同志们，首先自己要弄清楚应该如何看待这个工商业者兼地主，如何去体现国家的政策？只有自己搞清楚了，才能去教育、启发农民对土改的正确认识，才能激发其土改的积极性。

展览会除选择了不少邕宁地区的土改实例外，还包括广西贵县和其他地区的典型案例。例如，也展出了贵县一个骇人听闻的案例。贵县是壮族人民聚居的地区，剥削阶级中仍然保留着纳妾的风俗。同邕宁地区一样，老财家主要是娶妾而不买女婢。至于娶多少妾，那就要看老财家中有多少活要做。事实上，这些小老婆不过是不花钱雇佣的女奴而已。在老财家中地主的大老婆和宠妾往往都是对那些女奴的“管理者”和“统治者”。这些女奴不仅在老财家中做家务活，伺候一家人的日常生活，还要为全家饲养牲口、家禽，种菜园子，以及干大田里的各种庄稼活。她们完全是不花钱的劳动力，老财家只是管吃，还不一定能吃饱，形同一只会干活的“牲口”。如果这些女奴们不顺从老财的心意，活干得不够勤快，或不服从管理，就会受到一套所谓家规的惩罚，甚至被施以酷刑。有一次，有两个年轻的女奴，因为饥不堪忍，偷吃了一点猪食充饥，不幸被地主婆发现了；地主和地主婆随即将这两个女奴捆绑起来，殴打一番后，竟残酷地把她俩放进一个很大的蒸笼里，活活地蒸死。地主对女奴的这种暴行，真是穷凶极恶、令人发指。

向知名的人民艺术家学习

整个展览会的内容十分丰富，具有深刻的教育意义。但由于筹备时间比较仓促，经济条件也很有限，筹备工作是十分艰难的。把基本的典型材料收集、核实之后，筹办人员便分头着手于加工成展品。有的在构思画面，有的根据构思的画面编词，有的在收集整理实物展品，还有的在构思做成泥塑等。他们都是在因陋就简的条件下，艰苦地工作着。例如，滑田友[注41]教授，他是从法国学成归来的，在中央美术学院雕塑系任教的知名艺术家。众所周知，在天安门广场纪念碑四周用汉白玉制作的浮雕群中的《五四运动》，就是他带领着学生精雕细刻的杰作之一。但是他在麻子畲搞雕塑，却没有为他提供任何条件。任务紧急，又没有帮手，他只能自己拿起锄头、铁锹，找一块沙石比较少的黄土地，边挖土，边筛泥，然后用脚踩成黏黏糊糊的能捏成型的泥块。他要用泥塑表现斗争会的一角。因为人物比较多，不能一一从头做成泥塑，于是他要我到村里找一些男、女、老、少有代表性的村民做“模特”，请他们来把他们的手、脚套出模子，再按模子做出泥塑的手、脚，再用衣服、树枝等做成人物的身躯。当然，头部却是要用泥一点一点塑成各种表情，再组合成各种姿势的泥塑人物。在另外一块树林下的空地里，靠在大树上的是一个用竹子扎成的长方形框架，足有两米多高，中间绷着一块很大的白被单（旧的）。原来这是广西的画家阳太阳[注42]在画一幅毛主席像。当时没有油彩，他只好用粉彩一笔一笔在涂抹着。他一边画着，四周围着一群孩子，有时也有不少村里的老乡们，站在那里看着、笑着。这位画家如果发现“观众”里有他想要的素材，他就会暂停作画，对准那些穿着不同服饰、戴着不同头饰的壮族妇女，用笔很快地在他的速写本上留下痕迹。毕竟是画家，他手头已经收集了不少壮族特有的民风民俗的素材。到了傍晚，大田里收工回家的村民们背着农具，拖着疲惫的身子，总要绕道走到艺术家们工作的现场，伫立一阵，议论一番，才肯回家。说实在的，这些写实的“艺术品”，对他们来讲都是别开生面，生平第一次见识的，因而看得津津有味。我们也不时地问老乡们，能否看明白画家们画的是什么？雕塑的是什么？他们都会高兴而如实地回答。如果有人说看不明白，作者就要做一番解释。如果解释还不明白，就要考虑作品是否不够通俗了。因为艺术家们的所有这些作品，都是为农民们创作的，当然希望能接近群众，接近生活，为群众所接受。为了让所有作品表达出土改的主题，事实上麻子畲的老百姓已经成为展览会的第一批热心观众。他们不但发出赞叹之声，还久久凝视着这些展品舍不得离去；同时，他们也是直率的批评者，他们会用坦诚的语言提出问题，说出自己的想法。土改展览会的展品，就是这样一件一件在群众的鉴赏、监督下完成的。

那些参加土改工作的文艺工作者，不管各自的名声有多大，地位有多高，他们同样努力地同村里的老乡们实行“三同”，向周围的同志们、老乡们学习。在劳动之余，人们才能发现哪些是搞文艺工作的，哪些是学生，哪些是搞行政工作的。因为文艺工作者总要保持着自己的习惯和职业爱好，显示出各自的特色，用自己的独特眼光来审视、来欣赏、来记录时代的变革和周围发生的一切。这就充分显现了他们对艺术工作的执着和热爱。我在麻子畲工作阶段，尽管只是接触到点点滴滴，却对我这个好奇心很强的年轻人，留下了一生都值得追忆的故事。

张定和（注43）的委屈

记得我随着土改团的大队人马走向麻子畲的时候，是沿着小径走进村子的。我只顾环视着周围的美景，亚热带的绿树、奇花、野草……色彩鲜艳，叶盛枝繁，如诗如画，美不胜收。当我尽情观赏时，忽然听到有人在低声哼吟着德国作曲家贝多芬第六交响乐——田园交响乐的主旋律，一节又一节，一遍又一遍，不停地边走边哼。确实，此时此景同乐章里的情调十分合拍。我猜测这准是一位文艺界的人士在那里触景生情吧。我当时并不认识他。后来，偶然碰到一件事，是低我们一个年级的一位女同学，愣愣地向他提了一条意见，说他有“资产阶级思想”“来参加土改还要每天化妆，还是一个男的！”当时，他显得很尴尬，当众说明原委，也显得十分委屈。原来他得了一种“怪病”，全身缺乏色素，如果不涂上与正常皮肤相似的油彩，皮色是蜡黄和苍白的，跟死人的颜色一样。所以，他终年都要穿上长袖衣和长裤，在外露的部分都要涂上油彩。这并不是一件很舒服的事，他觉得有苦难言。他没想到这位女同学在毫不知情的情况下向他放了一炮。他只好辩解说：“你们以为我愿意化妆呀！我每天化妆完全是为了顾全大局，不要把大家吓着了。”经他解释后，大家才都明白了，并深深地同情他。这时，我才知道，他就是在抗日战争初期，曾写过一些救亡歌曲的作曲家张定和。

同安娥（注44）和田汉的接触

参加那次土改的文艺界知名人士中大部分是中年人或老年人，有的体质较差，有的还患有慢性病。但他们都不愿放过这次好机会，深入实际，体验生活，根据各自的身体条件，尽力在实战中锻炼自己，同时还可以从实践中收集各自所需的生动素材。

例如，当时抱病而来的安娥同志——《渔光曲》的词作家，她身患多种慢性病，不能直接参加“三同”，为了照顾她而留在团部。按照医嘱，我经常要到她的住地做葡萄糖静脉注射。打完针之后，她总要跟我聊一会儿，询问我的工作，询问周围发生的情况，非常热心并富有同情心。当她知道我硬着头皮为村里的妇女做过一次接生时，她立刻关心地问到这位产妇的近况如何？我们能为她做些什么？还告诉我一些关于产妇应如何调养，婴儿应如何喂养的一般知识，并再三嘱咐我注意身体健康等。她的老伴田汉同志却是体格健壮、精力十分充沛的老人。他白天在各村中巡视，除负责一些团部的领导工作外，晚上总要写些什么，经常工作到深夜，甚至通宵达旦，真是一个非常勤奋的老作家。

巧遇诗人艾青和作家李又然

在那一段时间里，接触较多的文艺界人士就是诗人艾青（注45）和作家李又然（注46）同志。他们俩既是同乡又是同学，长期在一起。在广西土改时，他们俩又分在一起，所以两人总是形影不离。在麻子畲第一次我和他们相遇时，艾青劈头便问我是否认识薛传谋和薛传廉。我很惊讶他们怎么会认识我大哥和大姐的。话匣子就这样打开了。原来，大概是在1938—1941年间，他们和我大哥、大姐都在当时作为抗日大后方的广西桂林工作过，我大哥传谋是从上海、太行山、武汉转到桂林，在夏衍领导下的《救亡日报》社里工作。而我大姐传廉当时还是一个高中学生，由于大哥的关系，让她在课余时参加一些抗日救亡运动中的宣传工作。我大姐在演剧方面有一点天赋和爱好，尽管她从未接受这方面的训练，但她是个胆大敢于实践、记忆力又强的女学生。一些“大厚本”的话剧，什么《蜕变》《日出》[注47]等，她都敢演。在马路边上，也敢站在人群中扯着嗓子演讲一番。因而她在那个小城里名声在外。这样，在当时文艺界工作的朋友都会彼此相识。当他们第一次看见我时，觉得脸有些熟，似曾相识，当打听到我的名字之后，他们就立刻想起我哥和姐来，毕竟一家人的长相总有许多相似之处。当然谁也没想到会在邕宁地区土改工作中，认识了薛家“传”字辈最小的妹妹。当时艾青、李又然大约比我要年长20岁。在我心目中，像对待长辈那样尊敬他们，或许是由于这种相识的背景，他们也十分关心我。

艾青和李又然同志工作的村子离麻子畲并不远，隔不了多长时间，他们总要到团部或中队部开个会或研究一些工作，一般在开完会或晚饭后，总有一点自由活动的休息时间，他们就会叫我一块去散步。傍晚时刻，我们喜欢沿着邕江江岸漫步，欣赏着日落的美景，凝望着变幻莫测、多姿多彩的晚霞。邕江并不是很知名，然而对我们这些久居城市的人们来讲，她的一切让我们感到很亲切，很满足，很富有诗情画意。邕江的两岸长满了茂密的深绿色的大树和野草，江水不算很清，流速也不湍急。而星星点点的小船、竹筏子，一串串的拖船，不停地在江面上浮动，由远而近，由近而远……顺着蜿蜒曲折的邕江，缓缓地消逝在朦胧无边的晚霞之中。这是一幅多么令人神往、流连忘返的风景画！

我们偶然也会在太阳还没有落山、一天工作又比较劳累的情况下，来到村边找一棵遮阳的大树，身靠树干，席地而坐，松弛一下连日的疲劳。有时还能看到远处的牛群，慢吞吞地走上回栏的小道，沿路还不停地摇着尾巴，嘴里还在不停地咀嚼着。牛群中还有一些可爱有趣的小牛犊，在母牛周围蹭了又蹭，真是一幅别具风格的景致。我们凝视着这一切极平凡而又充满田园气息的自然美。就在那一瞬间，艾青同志很快从口袋里掏出一个拍纸本，一支铅笔在他手中很快地转动着。他只用简单的几笔，就勾勒出那只“会笑”的小牛犊，十分传神。我原来只知道他是一位知名的大诗人，怎么也不曾料到他会有那么深的速写功底！他们便淡淡地讲述了过去在浙江、在法国学画的片断；也会谈起他们两人在法国相处的艰苦岁月。有时也不免讲到他们一块在延安的点点滴滴，叙述十分平淡、谦逊，但可窥见他们不平淡的奋斗经历。最后，自然还提到了艾青的“艾”字的来历。原来他本姓蒋，名海澄，浙江人，但他对蒋氏家族十分反感，加上浙江还出了一个蒋介石，因而气不打一处来。一怒之下，就在“蒋”字上的草头下打了一个“×”，这就成了“艾”字了。他们经常讲着一些既是轻描淡写又是真实动听的故事。从他们的身上，人们看到了一个知名人士能淡泊名利，放下架子，同大家无拘无束地交流、聊天，感到一个革命文艺战士在平凡中的伟大。他们同群众亲切相处，既是出于一个人民作家吸取生活素材的职业需要，也充分体现出他们个人的素养。这对我自然是一种难得的身教。

当然，他们时而也要问问我的家庭背景，我的经历，甚至还要“追究”我为什么这么瘦弱。有一次，他们问我是否见过邕江对岸的集市？我据实说从未去过。他们掐指一算，那天正逢“趁墟”的日子，于是决定马上出发，带我去看一次热闹。我们走到岸边的土码头上，挤上了一艘小小的渡船，两名船工，一名船工撑竹篙，一名船工划桨，摇摇晃晃就到了对岸。岸上是一条窄长小街，街边是一排排矮小的土屋，有卖杂货的、日用品的，有开小饭馆的，店不多人不少。在街尽头空旷地上还摆了不少地摊，大都是附近村民从家里拿来的鸡蛋、家禽，河里捞上的鲜鱼、小虾，山上采集的野菜、山货，以及柴火、木炭等，花样不少。所不同的是村民大都是用粮食来进行交易的。看了一圈后，他们两位叫我一块到小店里吃一碗牛腩粉。我十分犹豫，站着不动，因为囊中空空不好说。他们立刻说，不要管那个“小政治家”（指那个批评过张定和的同学），会批评你有资产阶级思想，好吗？！你这种身体需要吃一点“油腥”啦，否则会趴下，什么都干不成了。我不好再多说什么，只能顺从地吃了一小碗牛腩粉。这也算是我在土改中难得尝到的一次“油腥”吧。

当时同我们一块到江岸散步的还有团部下属的中队长、广西作家陆地同志（注48）。在散步、聊天中，更多的时间是我全神贯注地听他们的谈话。他们多是交流着各自在村里工作中的所见所闻。或许因为我这一段时间一直在门诊室里忙碌，没有机会到别的村里亲自参加土改，听了既觉得十分新奇，也未免在思想深处带有几分遗憾。他们早就察觉了我的心思，不等我发问，他们会尽量详细地、形象地把所见所闻告诉我。

土改工作接近尾声，工作仍在紧张进行，各人都在为做好结束工作而忙碌，再也没有时间散步、聊天了。就在那个时候，在我药房的药品台上放了一张纸条，是他们留给我的。内容我记不那么清楚了，大意是：在动荡中度过的岁月会给人们增加阅历，对外界有了更多的接触和了解……这一切并非是坏事。它可以使人更能分辨是非，使人更坚强。应该学会把这些写下来。没有写作的技巧，不必在意。要知道马再瘦、再弱，也是一匹站在那里，不失骨气，不失骄傲的马。慢慢“调养”“磨炼”下去，总有一日千里的那一天。我当时还不能深悟其中的含义。回想起来，这就是长者们留给我的一份鼓励和期盼吧。也许这是我今天写这篇“土改岁月”的一份动力。土改中在和这些知名的文艺大师们短暂的接触中，给我留下的关怀和教诲是一生使我受益的。回北京后，由于各人在不同的时期，碰上了不同的遭遇，从此难得再有什么往来，而且有的还遭遇到了悲剧性的命运。然而这一段忘年友情，却给我留下了富有教益和愉快的回忆。

除了以上所提及的一些文艺界人士外，我在团部还有机会接触到一些早期参加革命的老同志。他们通常是在晚饭后的傍晚时刻，给我们这些青年的学生和年轻干部，讲述他们自己那许多感人的经历和动人的故事。例如：他们在延安的抗大、鲁艺的艰苦学习和生活状况；一些青年知识分子如何从全国各地投入到革命熔炉，锻炼成长的历程；还介绍了不少在延安的中央首长，特别是毛主席是怎样关心办好抗大、办好陕北公学，是怎样给大家做报告等。这使大家体会到，当年参加革命的前辈们，是如何在艰难困苦的环境下，牺牲、奋斗，以百折不挠的精神，才取得了全国的解放。

丰收中凯旋

广西邕宁地区的第二批土改工作终于胜利结束。在这不到半年的时间，对我来讲也是不同寻常的一段。虽然我因病从土改第一线被调到团部，并在医疗队工作，但工作内容丰富多彩，充满了新鲜感；从思想上讲，收获也是多方面的。这使我在以后成长过程中，或者是在艰难的日子里，这些正面形象或革命箴言经常会在我脑海里翻腾，给我及时的鼓舞和提示，引导我不断地战胜困难，勇于向前、向上。我有时会暗自庆幸，在青年时代竟有这么好的机遇。

最后，我们北京来的学生都回到南宁市内集中总结。这时我已回到自己班上，我们又聚在一起，开始进行一年来的工作总结。我们班的几十位同学，除了我一个人，都在贵县承担土改工作，任务十分艰难繁重。尽管他们都在贵县，工作地点却是分散的，同学之间也不是经常有机会能见面的。但由于各自都肩负艰巨的任务，得到了磨砺，因此每个人都有一个精彩动人的，或者是惊心动魄的故事。所以，他们个个精神十足，谈笑风生，没完没了地聊呀聊的。我因为中途工作变动，却成为他们一个最忠实的听众，心中由衷地庆贺着他们的成功。而大家仍然是那么真诚地关心我，问候我的病休养得怎么样啦？当时我仍然只有78斤的体重，不能说已经休养得很好了。我只好轻描淡写地说说我在团部医疗队里和在团部的一点一滴的工作和活动。同学们在总结会上畅谈了不少土改经验、心得和收获。几乎绝大部分同学都被评为土改工作中的优秀者或功臣，我觉得这一切都是理所当然的。好心的同学还轻轻地安慰我："如果你不生病，同样会干得很出色，很优秀的。"我想也是这样的，这很符合青年人的心理。我同其他同学一样，为这一段来到广西感到十分高兴。因为我自己知道，作为一个病号，我已经尽了最大的努力，干了不少力所能及甚至一些力所不及的工作，最重要的是得到了不少意想不到的锻炼和收获。确实，我已经心满意足了。

我们通过总结，个个精神饱满，高兴地、凯旋式地踏上北驶的列车，飞向北京，飞向清华。同学们都十分自信地拿着一份经济系1951年夏至1952年夏一个学年中，在土改实践中工作优异的"成绩单"！

毕业前

1952年夏，国家做出了全国高校院系调整（注49）的决定。这是20世纪50年代初，我国在学习苏联教育制度的经验后，在全国范围内进行的一次规模大、涉及面广的教育体制和制度改革的一项重大举措。当年我经历到的变化就有：撤销燕京和辅仁两所私立大学，清华大学成为"工科"大学，它把燕京、辅仁、北大的工学院各系都合并进来了；而将理工学院中的航空系、地质系单独组成航空学院、地质学院等，后来还相继成立了钢铁学院、石油学院等。理学院和文学院则调整到北京大学。北京大学则吸纳了清华、燕京和辅仁的相应院系，组成文、理学科的大学。燕京的校园全部作为北大的新校址，辅仁大学校园则划归北京师范大学。而北大、清华、燕京、辅仁四所大学的法学院全部合并，分别成立了北京政法学院和中央财经学院，有的系则并入中央民族学院。在各学院内再划分成各种专业系。那次全国性的院系调整后，各院校已不存在综合性大学，而是分工更专业化、更细化了。当然院系调整工作也不是一年内就可以完成的，有的还不是一次调整完成的，接着又进行了第二次调整。例如，中央财经学院就出现了这种情况。1952年夏宣布成立中央财经学院，并任命罗青（注50）同志为副院长、一把手，陈岱孙教授为副院长。经过一年的实践，又决定把该学院撤销，将其中涉及经济理论的有关系调整到北大，副院长陈岱孙教授亦随之到北大。其余各系及大专班全部并入中国人民大学（注51）。因此，我们这批1953年夏在中央财经学院毕业的学生，便成为该校20世纪50年代初唯一的一批毕业生。后来，这届毕业生都分别回到合并前各自的学校过校庆。

我们经济系的同学从广西土改结束后，回到清华园做了短暂的休息，校方即布置了“忠诚老实”运动的补课活动，大概用了两周的时间。然后传达了全国高校院系调整的决定，以及我们经济系的去向。当时由于院系调整和建校的需要，从经济系抽调了一小部分同学如金言、李生荫、张洁、马德容、黄钦若、赵玉馨等，到“三校建校委员会”从事一段基建的管理工作。我因在土改后期，身体虚弱、不佳，被送进协和医院住院检查和治疗。直到新学年开学，才出院到新成立的中央财经学院报到。

骑河楼老校舍和皂君庙新校址

因为中央财经学院的校园还没有建成，只能安排在北京大学骑河楼的老校址作为“过渡校园”。那几栋老旧的两层楼砖木结构的校舍，很难容得下四所大学经济系的全体同学，其实当时总共也不过二三百人。特别是上课用的课室，不仅光线比较昏暗，上课时学生们也挤得水泄不通，来得晚的同学也只好坐在门外，有时老师只能站在学生中间讲课。住宿条件也很特别，我们住的女生宿舍在二楼，房间不大、不高，双层床的上层只可放东西用。我们上楼梯或在房间里走动，地板还会发出吱纽、吱纽的声音。沿着四壁放了一圈床，一间房可住4—6人，中间放着一张长桌，还有一个冬天采暖用的煤炉子。我们在那里过了整整一个冬天。由于学校条件比较差，平时班里开什么小组讨论会，只能在宿舍里进行。同学们围着炉子，坐在床沿上讨论着。一些北京的同学常常会带几只“赛过梨”——心里美萝卜，切开后分而食之，以解煤炉取暖带来的干燥。这样的小组会，大家开得高兴，另有一番情趣。当然一切生活设施、教学设施都还不完备，如洗澡要排队、晾衣要拴绳……毕竟这是最古老的北大校址，称之为“历史遗迹”也不为过。而我们只是暂住一个时期，对这批经过土改“三同”考验的学生来说，又算得了什么呢?

1953年春，我们便迁到了位于西直门外的皂君庙的中央财经学院的新校址。当年，那个地区没有公共汽车，附近也没有什么商店，生活很不方便。但不管怎样，新校园比起骑河楼北大老校舍要宽敞多了，当然不能跟北大、清华的校园相比。新校园里一片宽旷的平地上，好几幢崭新的，平顶的四、五层楼房拔地而起。外形几乎完全是一样的混合结构的长方形的房子，整齐地排列着。我们搬去时，校园内还在继续建食堂以及图书馆什么的。在那个年代能盖上一片楼房也是挺不容易的事了。尽管地面上没有绿色的草坪，新栽的小树也东倒西歪的，中午太阳直射，没有一点遮阳的地方，要是刮起一阵风，立刻尘土飞扬。但是，我们已经有了一个可容下全校师生学习、生活的新校园，而且有一块可以集中在一起做早操、听广播的场地，也有一块可以进行活动和锻炼用的球场了。我们都明白万事开头难，日子长了一切都会好起来的。女宿舍在楼房的顶层，开间较大，窗户很大，房内敞亮。我同来自北大、燕京和清华的一共四五个同学住在一起，房内放上小书桌、板凳，也不算挤，还有暖气和光线很足的电灯。我们搬进去时，尽管屋里还充满了石灰、涂料和水泥地面未干的味道，但大家都很满足。其实，那时我们最关心的并不是房间里的装备如何，而是注意观看走廊里的灯光是否够亮，走廊是否宽敞。因为学校规定宿舍房间里的灯都要在晚上10点熄灭，而走廊和卫生间的灯是通宵不灭的。而我们这些四年级的学生是要经常到走廊里去“开夜车”的。

系统学习计划经济

四所大学的经济系合并成立中央财经学院之后，在学院内成立了工业企业管理系、统计系、会计系、财政系、外贸系等，另外还为调干设立了银行专修科、保险专修科等大专班。四所大学经济系的老师和学生成整“建制”地转到新的学院。同学们可以根据自己的意愿选择不同的系，选读各系相关的课程。这些专业系科和课程的设立，主要是为适应新中国成立初期要建立计划经济管理体系，急需一批新型的、懂得计划经济的建立、管理、运行的干部的需要。当时只能是按照苏联那套计划经济运行的模式，从中央到各行各业，直至各基层单位，各企业的计划管理、编制，以及统计、财务反馈系统全部照搬、照学。当然，教学内容和教育方法也只能照搬苏联的。主要从中国人民大学聘请一些新型的、有一定教学经验的教授来兼课。而教材则采取了边翻译苏联教材、边讲课的办法，还附带放映一些苏联的教育短片和幻灯片当作教案实例，作为教材的辅助资料。这种上课的方式方法，在那个年代还是很少见的。

我当时选择了工业企业管理系，这是全校最热门、人数最多的一个系。由于我们班的同学参加了一年的土改工作，对完成经济系应该学习的课程来讲，大概短缺了约一年的课程。因此，同学们在最后一年里（四年级），都想用一年的时间学完三、四年级的课程，好好地拼搏一番。校方很理解同学们的心情，很想满足同学们的愿望，同时又不想由于学习负担过重而影响大家的身体健康。于是采取了一些措施，即规定了每个系的重点课程（一般有三门或更多）要必修，并作为重点课考核。然后，同学们可以按照各自的条件选修相关的课程，考核方法与必修课不同。与此同时，各班对同学们每周的学习时间要有记录，要检查。当时一般同学每周的学习时间平均都在60个小时左右，有的达到了70多个小时。这样团支部就要提出劝告了。确实，同学们在最后一个学年里，参加政治运动、社会活动的时间，都比过去少得多了，大家都能平静地、专心致志地学知识。我们这批有机会系统学习计划经济，又即将投入到第一个五年计划实践中去的年轻学生，真是学习热情高涨，谁都不愿毕业后在业务工作中成为“白帽子”。当时工业企业管理系四年级的重点必修课程有社会主义政治经济学、工业经济学和工业企业经济活动分析三门课。这三门课的课时比较多，大约有18个小时（每周）。同学们再根据各自的学习基础和身体条件再选修一些其他相关的课程，如成本会计学、高级统计学、国民经济计划等，都有着同计划体系相适应的内容。我当时身体还不是很好，采取的办法是：除了专心学好系里规定的重点课程外，在保证休息的前提下，再去旁听几门选修课，以补充重点必修课的需要。在最后一学年的学习、生活中，我感到有很大的收获，首先身体状况有了好转，学习内容比较丰富，同时学习效果也比较好。

给我留下较深印象的课程是“工业经济学”和“经济活动分析”。这两门课都是边翻译、边讲授的。没有课本，上课时每个同学都要认真做笔记，甚至课后还要跟同学对笔记，生怕记错了或漏掉了那些重要内容。当时，塞风老师（注52）负责讲授工业经济学，每次课堂里都挤得满满的，同学们都喜欢听他讲课。除了讲课的内容丰富、新颖以外，他讲得有条有理、逻辑清楚。为了让大家弄懂课程的内容，他想方设法在幻灯片上出示图解，或者找一些苏联钢铁厂的短片让同学观看。首先简要介绍一番钢铁生产的流程；然后讲述根据组成生产流程制订出的一套生产计划、生产管理制度和实施过程；最后还要介绍由一整套财务、统计监督、反馈体系的运行方法。这些大部分采用很短的纪录片，一边放一边用中文解说。这些工厂管理方法、制度的运作程序，对我们来讲都是十分陌生的，毕竟我们从来没有接触过任何门类的工业生产。为什么一定要建立这样的生产管理体系？在没有计划经济体系之前是如何管理工业生产的？这一切对我们来讲都是一无所知的。因此，我们在学这门课时，总会有不少的问题要讨教，要议论。老师每次为我们上两小时课，不论是天冷还是天热，他总是穿着整齐。到下课时则大汗淋漓，湿透了衣服，说干了嗓子。同学们对他的讲课方法、治学精神一直非常尊重和佩服。我们在学“经济活动分析”课的过程中，一般也存在着同“工业经济学”类似的困难。这门课要求同学们有一定基础的会计学和统计学知识，而且还要求对工业的生产、管理流程要有一定的认识。尽管我们很多同学都选修和旁听了相关的课程，但往往还不能做到同教学进度相协调。例如，当经济活动分析课讲从资产负债表中分析一个单位的经济运行效果时，我们选修的工业会计课程中还没有讲到资产负债表部分。这样，对课程的理解会带来不少困难。但不管怎样，这两门课的老师还真是千方百计收集材料，认真备课，想方设法让同学们搞明白所有课程的内容。老师们真是付出了相应学科额外的辛勤劳动。而四年级的同学们也分外认真地去钻研领会，充满热情地来学好这两门新课。现在回想起来，这两门课程，对我参加工作后从事钢铁行业内计划的编制、调度、管理，以至于后20年里从事经济研究工作，都有很大的裨益。

上文提到的塞风老师，他是个曾留学日本、做过党的地下工作，并在华北大学研究生班学过计划经济的年轻教授。论年纪，他不过比我们这届毕业生大七八岁，但他的学识、讲学风格和敬业精神，却深为同学们敬重。他后来一直在中国人民大学主持工业经济系的工作。想不到事隔35年以后，他又带领他的6个博士生（记得有陈淮、李洪、向松祚等同志）和3个硕士生，同我们单位（冶金经济发展研究中心），还有清华大学经管学院、北京钢铁学院，以及许多企业一起，共同承担了国家自然科学基金委的一项重大软科学课题研究——“提高中国工业生产率诸因素的研究”。而我也有幸再在他的教诲下共同投入这项研究长达五年之久（1988—1993）。他的治学风范再次给了我深刻的启发和教育。第一，他具有创新理论的勇气与能力。正因为他过去研究过计划经济，在实践中更深地体会到计划经济带来的一些弊端，因而更早地认识到我国转变为社会主义市场经济的必要性。我们的研究结论认为，提高中国工业生产率的三个基本因素是素质性、结构性和机制（体制）性三个因素，而机制性因素则是关键性因素。在由塞老师牵头主编的《论工业生产率》这本书中，他在理论上，特别是在从计划转向市场的理论上，对课题成果做出了创新性的重要贡献。他言简意赅地阐述了“什么是机制”“经济机制的特点”“中国经济、工业、企业机制改革的方向——从计划转向市场”，以及“股份制在改革中国企业机制的积极作用”等一系列理论问题，这在当时是难能可贵的。这些阐述，是由他口述，由我笔录经他审定的，至今读来，仍具有睿智的理论色彩。第二，他虽年事已高，但仍坚持到企业第一线调查研究。他同我们一起到过宝钢、鞍钢、马钢、江油钢厂等许多企业做工业生产率的调研，并善于把理论与实践结合起来，使之成为我们这个课题的特色和优势之一。第三，在课题组中，他年龄最大、资历最深，但他一直平易近人，以身作则，谦虚好学，不耻下问，与大家同心协力，带动了整个课题组的团结一致。为此，我们曾多次到他家进行学术讨论。但令人悲痛的是，他在2000年骤然因心脏病突发仙逝。我们是在事后才得知噩耗的。为了纪念塞风老师的教诲，我在此特别加写了这一段，以寄托我们对他的敬意和哀思。

新式“国家毕业考试”

1953年的夏天，北京的炎夏叫人分外烦躁。不管是在教室还是在顶层的宿舍，都叫人坐卧不安。偏偏在这个时候，要准备毕业考试。当时除了教学内容、教学方法要学苏联，连考试的方式方法也要照搬过来。这一切都让我们这一届同学“尝了鲜”。据说在20世纪50年代初，我们是唯一的一届按照苏联模式试点进行

“国家毕业考试”的。当时还说过，我们这届大学毕业生还将授予学士学位。但不知为什么最终并没有实现授予学位的“预言”，而只是发给每人一张约有两尺宽的毕业证书。

我们系实行的这种“新式”的考试，主要是考三门主课。现在看来这套方法也不是那么新鲜，现在硕士生和博士生基本上都是采用这种大同小异的方法来进行学位考试的。只是当年本科毕业生采用这种方法考试的还不多见。它的主要程序是：首先对三门主课要做毕业设计或论文，题目由教主课的教授出题，要求同学做出一份内容比较充实，又有一定新意的论文或设计。确切地讲，这是一篇比平时所做的作业难度比较大，论述较为全面、复杂的“毕业作业”。因为时间比较短，又没有经费，所以不可能有更多的时间让学生去结合实际做一篇“大型毕业论文（设计）”。每个同学的题目可以不同，也可以选择、商量确定。完成“毕业作业”之后，就要进行“国家毕业考试”。所谓“国家毕业考试”，就是由学校组成一个约有十人的“主考”（或是“学术”）委员会，还邀请高教部、计委等有关人员参加该委员会，主持人由学院的副院长陈岱孙担任。他们要求毕业生逐一进行口试答辩，最后由主考委员会评判计分。而每一个毕业生在进入考场之前，要在一间空屋里任意抽出一份试题，然后允许考生有20分钟的准备时间，再进入主考场。这时考生面对“主考官”们用半小时左右口头陈述考题及本人的见解，然后由主考官们根据考生的陈述提出各种质疑，或提出相关的问题，让考生再做答辩。整个过程约一个小时。这样的考试持续了好些天才结束。这种方法对每一个同学都比较陌生，尤其对一些不善辞令、表达能力较差或反应能力较迟钝的同学造成了很大的精神压力。在闷热的六、七月份，同学们紧张地复习备考，每天晚上宿舍的走廊里“开夜车”的人数比任何时候都要多，同学们都感到用这种口试方法考试，备课复习时间要比笔试方法多上一两倍。因为口试答辩时不容你有更多的思索时间，因此对所学课程的精髓必须弄懂、弄透，而且要滚瓜烂熟地复述出来。另外，最大的担忧就是那么多外来的“考官”，谁知他们会提出什么样的问题？如一时答不上，很容易陷入不及格的困境。一门主课不及格就可能影响毕业！因此，大家心理负担很重。在那几天考试过程中，就有一些考生当场昏倒，也有考试后得病的、中暑的。当时老师们、助教们都在为同学们操心，并不断给同学们做工作，吃“定心丸”，希望大家睡一个好觉，吃好每一顿饭，轻装上阵。在考场上，老师们不断为同学们送凉开水、递湿毛巾和扇子，说一些鼓励的话，千方百计让同学们降温、放松，场面十分感人。

我当时得到的三个“毕业作业”题分别是：①“工业经济学”的题目是关于基本建设计划的编制和运行——从中央到基层的全过程；②“经济活动分析”的题目是根据某工业企业的年终资产负债表，进行一次全面的经济活动分析，并提出改进建议；③“社会主义政治经济学”的题目是社会主义制度下的经济规律。

三个题目不算小，完成期限大概不到一个月。其中基本建设计划编制的问题我过去没有接触过。为了完成这份作业，塞风老师还带我到铁狮子胡同中国人民大学的教师宿舍里，找出一大厚叠当时国内准备推行的基本建设计划的全套表式，既有编制的方法说明，也有运转的“流程”要求。老师一边做一些解说，一边让我用心阅读。经过将近一个月的努力，一边上课，一边做“毕业设计”，总算按时完成了全部作业。

随后，我们便转入为毕业口试做准备了。我因为一向不善辞令，对口试缺乏信心，所以在复习期间动了不少脑筋，花了不少功夫，以求顺利通过。我从复习开始，对每门主课的主要内容，做了许许多多小提纲，一段按一个小主题，写出一个能抓住要害的简要提纲。经过反复斟酌，直到自认为这些提纲包揽了所学的几门主课的“精髓”了，才算放心。然后，在校园里找一个偏僻人少的地方，对着小提纲口述其详细内容，以锻炼自己的表达能力，一直练到不看小提纲也可以比较流利地全部复述出其主要内容为止。前后确实花了不少时间和精力。轮到我上考场时就比较镇静自若，出乎意外地非常顺利地通过了。经过综合评分——平时作业、毕业作业、毕业口试，三门主课全部是五分（当时按苏联模式实行五分制）。对于我这个学习天分不算高，只是以用功学习换得的成绩感到十分满足和意外。当然，这场毕业考试已使我感到身心十分疲惫。由此，我对这种“国家毕业考试”的形式也产生了一些逆反心理。

弃读研究生，争去第一线

考试结束了，四年大学生活也即将结束了。我们毕业班的同学就要着手填写毕业分配志愿书。当时大家的心情是很复杂的。

经过大学四年的磨炼和学习，收获了、成长了，但我们是否达到了国家、人民所要求的水平了呢？我们会分配到哪里？到什么单位、什么岗位去为社会做贡献？一切都要等待着这一张小小的申请书的反馈。我们绝大部分同学在填写这份申请书时充满了激情，心中只有四个字“服从分配”。在此期间，学校有两个特殊的名额：一个是上级“戴帽”下达的派往苏联学习的名额，我记得是指定给一位原来在燕京经济系的同学；另一个是由学校负责推荐一名品学兼优的毕业生上研究生，为大学培养师资的名额：没有想到我被校方召去谈话，征求我上研究生的意向。因为校方听了老师们的意见，认为这次考试成绩中我是“五分之中的五分”者，表现好，可以继续培养。我当时心中当然很想再多读一些书。但是让我当老师我有顾虑，因为自己缺乏信心用口头去表达所学，而且很愿意上第一线去工作。我当时非常坦率，实话相告我不愿意上研究生，但校方仍让我再慎重考虑一下。考虑再三，我还是诚恳地表示，我一直害怕在人前讲话，如果锻炼一段时间，仍没有效果，岂不耽误了学校的大事？校方考虑到我的意向和顾虑，同意了我的选择，上研究生这件事就作罢了。

一场毕业考试下来，让所有毕业班的同学筋疲力尽，学校为此破例组织我们全体毕业生到秦皇岛海边休息十天。预计返校后就可以知道各自的去向了。我们到秦皇岛后被安排在海边的一个仓库里住下，白天则在海边游泳、聊天。当然大家十分轻松、高兴。一方面，是因为很难得有机会到海边休息；另一方面，由于长期在一块学习、生活的同学很快要踏上新的征途，免不了产生一些难分难舍之情。在十天的休假期间，我们可以尽情地交心倾谈。这短短的十天，大家的体力、心情都得到了恢复和放松，并留下了一张难忘且别开生面的集体海上毕业照。参加工作后的几十年里，我们重新见面的同班同学只有十多个，如杨家宝、李生荫、金言、王淑华、汤伟祥、赵玉馨、陈兆庄、奚冠民、高嘉福等（当然也有同校同系不同班级的同学，如刘桐林、常卓超等）。其他同学大部分是在退休之后，校庆返校时才相聚的，而且也有的同学已离开人世了。五十多年后，我再凝视着这张老相片，其中许多同学一别之后再也没有重逢过，许多同学的名字已经记不起来了。但是每个同学的脸上都铭刻着向往参加祖国第一个五年计划工作的憧憬。一个个是那么真诚无邪、热情奔放，这一幅“青春送别”图，给我留下了激动而难忘的瞬间。

分配、烧饼与苹果园

1953年8月，我们从秦皇岛回到空荡荡的校园，领到了分配通知书，个个急不可耐地打开看。我被分配到重工业部钢铁局，我弄不清钢铁局是个什么单位。校方告诉我尽快到钢铁局报到，可能还会有二次分配。为了尽快搞清楚是怎么回事，我便十分麻利地办理了各种手续，拿着档案及有关文件直奔钢铁局人事处报到。他们安排我到钢铁局研究院的招待所住下，次日通知我到武汉钢铁公司（以下简称武钢）报到，并要求我尽快赶到武汉。我记得，当时钢铁局人事处的王立沼同志向我简单地介绍了武钢的情况，说武钢完全是由苏联援助、新建的大型工厂，也是国家的重点项目。当时有一批苏联专家在搞设计，指导施工，还从全国各地抽调了许多干部集中在那里搞基本建设。因为是新建单位，很需要学管理的干部，快去报到吧。我听了这些，当然很高兴，觉得可以学以致用。所以，我立刻飞奔到西单火车票出售点。不巧的是1953年8月正是洪水泛滥的季节，长江的洪水已经把京汉铁路线冲断了，并淹没了一段路轨。总之，不通车了。售票处的同志只告诉旅客们要耐心等待，只要一通车就卖票。要等多久？一天、两天……谁都不知道，着急走的就在这里排队吧。长长的队伍从售票处一直排到人行道上。我一看形势不妙，只好买上一包烧饼，拿上外衣准备在那里日夜排队了。大概我已经排了七八个小时，夜已深了。忽然有个陌生人向我走来，说终于找到你了，快回去吧，明天去一趟钢铁局，有急事。他顺手递了一张条子给我，果然是通知我的。我才半信半疑地离开了长长的队伍走回招待所。当我又回到钢铁局时，仍旧是那个操着重重山西口音的“老干部”，劈头就埋怨我说，你这个姑娘，身体不好为什么不说。我反问，你怎么知道的？他告诉我是高教部管分配工作的同志特地向我们介绍了你的情况，他们看见你在火车售票处门外，坐在地上，在啃烧饼呢！对吗？排了多久了？急什么呀？先到疗养院休养一段时间，把身体搞好了才能工作呀！我当时心中又是懊恼，又是奇怪。怎么叫他们看见我啃烧饼了呢？回想起来，20世纪50年代的同志们对青年人真是关心、爱护，无微不至。但是我还没有工作就要去疗养，太不像话了。于是，我在那里磨了半天嘴皮，声称我没有得什么大病，人瘦是“品种”问题，无需疗养。怎么说我就是不肯去疗养院，我终于“胜利”

了。他们研究结果叫我去“苹果园”工作。我立刻不解地问，钢铁局还管种苹果呀？惹得屋里的人哄堂大笑。经过一番解说才知道那是石景山钢铁公司（即现在首都钢铁公司的前身）的所在地。就这样，从学校踏进了钢铁工业的门槛，中间还经历了这么一段小插曲呢！不过，20世纪50年代的大部分青年学生，都是那么执着和单纯的！

后　记

有人说：往事如烟如云。所谓往事指的是已经逝去的历史陈迹，不可能再生和复现，常使人有一种岁月如流、风华难再的伤感。也有人说，往事如诗如画。指的往事中有太多动人的故事，它拨动着人们的心弦，时常勾起你许多终生难忘的诗情画意。如烟如云也好，如诗如画也罢，也许这两者都是鼓励我晚年下决心写作《学于天地间》的缘由吧！

我的四年大学生活是平凡的，但它正值新中国成立初期的特殊年代，因而又是一个风云巨变的非凡的年代。我在大学的学习是平凡的，但我有幸遇到过那么多非凡的大师和同学，他们之中有许多人堪称学之精英、人之楷模、国之栋梁。我在大学的生活历程是平凡的，但那些充满着革命激情和思想转变的思路历程是非凡的。在平凡中遭遇非凡，在非凡中锤炼平凡，这是我四年大学生活的最基本的特色。

四年的大学生活是刻骨铭心的。因为当时我们正处在中国社会大变革的年代。我进大学的时候，全国还没有完全解放、新中国也刚刚准备建立，那些压迫和盘剥人民的旧制度、腐朽和丑陋的旧世俗，都在《义勇军进行曲》中被宣告即将要退出历史舞台，人们开始向往着新社会、新制度。革旧布新和朝气蓬勃的时代气息激励着年轻一代，让我们重新去认识国家、民族和人民的命运。抗美援朝运动和土地改革运动的实践又激荡着我们高涨的革命意识。第一个五年计划开始，又激发着我们为建设而学习、而奉献青春的满腔热情。可以说是革命的年代铸就了我们的大学生活。新中国成立初期的大学生涯，它同五四运动时期的思想启蒙时代，同抗日运动时期的救亡时代，同解放战争时期的反美蒋时代，有着相同和不同的地方，它打上了革命胜利和社会大变动的时代烙印。是不平凡的时代照亮了我平凡的大学生活。

四年的大学生活是沁人心脾的。它使我懂得了许多事情，从幼稚、贫乏、少知逐步走向成长、充实、丰收。这一切是因为有那么多大师、老师们在循循善诱地引导我步入多彩的知识殿堂，走上正确为人的道路；还因为有那么多优秀的同学以出类拔萃的言行和无微不至的关爱，激励我鼓足勇气，大胆前行；更因为有那么多的贫苦农民，用他们的实际行动和感人故事教育与启发了我，让我在实践中增长才干。在他们引领下牵手前进的路途上，他们倾注了多少？奉献了多少？无人知晓。今天我回眸往事，深深为他们为国、为民、为人、为学的崇高品格、清雅风骨和朴素情操所感动！是这些浓浓的师友情、同志情、阶级情潜移默化地影响着我们青年一代，让我们沿着正直、无私、钻研、勤奋的人生道路，披荆斩棘，高歌猛进。是不平凡的群体培育了我平凡的大学情结。

四年大学生活是震撼灵魂的。它使我从一个为了生存寻找出路的贫寒学生，逐步成长为为人民服务的普通一兵，不知经过了多少脱胎换骨的思想斗争和灵魂震撼。虽然这一思想历程并不平坦，而且要经过许许多多艰辛、磨砺甚至痛苦，但我至今感到心满意足，无怨无悔。尽管在市场经济的大潮中，也确有一些沉渣泛起，比如唯利是图、见利忘义、贪污腐化、危害社会等错误倾向，污染着少数人的心灵，但我仍然深信无私奉献、以人为本，才是人生的真谛。是不平凡的世界观、价值观改造了我平凡的小我思想。

当然，任何事物（包括时代、学习和思想）不可能是十全十美的，必然也有它的缺陷、局限和不足。四年的大学生活，也并非没有遗憾和不足。再加上时间和个人精力的限制，难免顾此失彼，有得有失。比如在急风暴雨的大变革时代，人们热情有余，冷静不足，对一些问题难免缺少独立思考，消化不良，甚至存在个人崇拜等某些偏见。比如，大学毕竟是为打开知识之门，为专业知识理论打基础的园地，因为只有打下了坚实基础，才能在工作实践中达到本固枝荣的境地。然而限于历史条件的制约和对市场经济学的偏见，我这个经济系的学生，对整个社会经济的发展历史，包括对资本主义市场经济的形成、演变和现状没有接触的机会，而对计划经济体系的形成、演化及其理论基础，也缺乏系统的了解和认识，仅侧重于现实具体制度的照抄照搬。由于基本功底的不足，也难以在实践中不断改进、创新。又比如，我们那一代大学生的流动性比较大，我在四年中就换了三个大学，转了三个系，个人住地也搬迁了五六次（当然我个人要转学应该除外）。在教学方法上，除在燕园一年有课堂讨论外，其他时期基本上都采取了“灌输式”“背诵式”的模式。还比如，大学应该学习一门外语，但我们那一代对外语的学习缺乏功底，以致我现在年过70（注：本文写于2006年），还不得不在国外重新去学校进行英语补课。现在体会到在学校里应以学为主，主要侧重于对所学专业的基础理论知识，要有系统的了解，而且还需要旁征博引，独立思考，做到兼听兼学，而不能以偏代全，这是十分重要的。由于我们那一代正处在特殊时期，而且受认识的局限，产生了这样那样的不足，这也是必然的、难免的，这是我们当时不得不付出的代价。

注释

注1：燕京大学。美国基督教新教教会在旧中国办的私立大学。1919年由北通州（今北京市通州区）协和大学、北京汇文大学合并而成。次年，华北女子协和大学也并入。校址在北京西郊燕园。燕园前身原是明末米万钟的私家林园——勺园（包括目前北大的图书馆和留学生楼——在燕大时为女生宿舍）。燕大建校时，除整修美丽的勺园外，还新建一系列既仿效中国宫殿建筑形式又可供近代大学应用的建筑群，形成了风景独特的燕园（即今北京大学校址）。抗战时期迁成都，1946年回迁。设文、理、法三个学院。美国司徒雷登先后任该校校长、校务长。1951年由人民政府接管。1952年分别并入他校。燕京大学的知名校友包括黄华、韩叙、龚澎生、费孝通、雷洁琼、黄昆、侯任之、吴阶平、冰心、萧乾等。

注2：翦伯赞（1898—1968）。中国历史学家。湖南桃源人，维吾尔族。1919年武昌商业专门学校毕业。1926年参加北伐军政治工作。1937年参加中国共产党，在党的领导下，长期从事统一战线和理论宣传工作。新中国成立后，曾任燕京大学、北京大学教授，北京大学副校长，《历史研究》《考古学报》编委,中科院社会科学部委员。曾被选为第一届全国政协委员，第一、二、三届全国人大代表，中央民族事务委员会委员。多次出国参加国际政治和学术活动。主要著作有《历史哲学教程》《中国史纲》（第一、二卷）《中国史论集》《历史问题论丛》

等，并主编《中国史纲要》。

注3：沈志远（1902—1965）。中国经济学家。浙江绍兴人。1926年赴苏联莫斯科中国问题研究所读研究生，参加《列宁选集》翻译出版工作。1931年起历任中共中央文委委员、北平大学法商学院教授、西北大学经济系教授、生活书店副总编辑等。新中国成立后历任中央人民政府文化教育委员会委员、出版总署编译局局长、中国人民银行顾问、燕京大学和北京大学教授等职。有著译60多种，论文200多篇，主要有《新经济学大纲》《近代经济学论史》《现代哲学的基本问题》等。1955年当选为中国科学院学部委员（哲学社会科学部）。

注4：严景耀（1905—1976）。中国社会学家、犯罪学家。浙江余姚人。1930年赴美国进修获得博士学位。回国后在燕京大学、东吴大学任教，曾任燕京大学社会系教授。新中国成立后，任燕京大学政治系主任、代理法学院院长。1952年参与筹建北京政法学院，任该院教授。曾被选为第一届全国政协委员，第一至三届全国人大代表。为中国民主促进会创始人之一。1973年任北京大学国际政治系教授。著有《中国监狱问题》《中国的犯罪问题与社会变迁的关系》等。

注5：雷洁琼（女，1905年生）。中国政治活动家、社会学家。广东台山人。民进成员。1925—1931年在美国加州大学、斯坦福大学、南加州大学学习，在南加州大学获得硕士学位。1931年回国后任燕京大学社会学系讲师、副教授。1938年后任江西省妇女生活改进会顾问、地方政治讲习院妇女班主任、战时妇女干部训练班主任、中正大学政治系教授。1941年后任东吴大学社会学系教授，兼任沪江大学、圣约翰大学、华东大学、上海震旦女子文理学院教授。1946年后任燕京大学社会学系教授。1949年出席第一届全国政协全体会议，后任中国新政治学会副秘

书长，政务院文教委员会委员，北京政法学院副教务长，国务院专家局副局长，北京大学国际政治系、社会学系教授。1977年后历任北京市政协副主席，北京市副市长，民进中央副主席、主席，中华全国妇女联合会副主席，中国社会学会副会长，北京大学教授。是第一、二、三、六、七、八届全国人大代表，第六届全国人大常委会委员、全国人大法律委员会副主任委员，第七、八届全国人大常委会副委员长。第一届全国政协委员，第五届全国政协常务委员，第六届全国政协副主席。

注6：《新儿女英雄传》。故事片（黑白）。北京电影制片厂1951年摄制。电影描述了牛大水、杨小梅抗日斗争的故事。抗日战争初期，冀中白洋淀地区中共党员黑老蔡发动农民组织抗日自卫队，青年农民牛大水积极参加。黑老蔡的小姨杨小梅不堪丈夫张金龙的虐待，逃至姐夫处投身革命，被安排在县训练班，与同在一起学习的牛大水相处甚好。张金龙在小梅争取下，先是勉强顺从抗日，而后旧习不改，投奔汉奸何世雄。小梅因此与张脱离关系。在反“扫荡”战斗中，牛大水与杨小梅被俘，小梅带伤逃脱。牛大水为救护民兵高屯儿，被何世雄、张金龙百般折磨。高屯儿脱险后因俘获何世雄之子，便将其作为人质换回牛大水。牛大水和杨小梅因养伤又相聚一起，两人感情倍增，伤愈后，他们在老蔡领导下投入战斗。后牛大水带领抗日自卫队活捉了汉奸何世雄和张金龙。本片于1951年获得第六届卡罗维发利国际电影节导演特别荣誉奖，1957年获得文化部1949—1955年优秀影片三等奖。编剧：史东山（根据孔厥、袁静的同名小说改编），导演：史东山、吕班。

注7：《赵一曼的故事》。报告文学作家、诗人徐光荣的报告文学作品，讲述了东北抗日女英雄赵一曼同志的英勇事迹。赵一曼（1905—1936），四川宜宾人。1923年加入中国社会主义青年团，1926年加入中

国共产党。1927年9月去莫斯科中山大学学习。次年回国，先后在宜昌、南昌、上海等地秘密开展党的工作。“九一八”事变后，被派往东北发动抗日斗争。先后任满洲总工会秘书、组织部长，滨江省铁北区委书记，领导罢工运动和反日游击队。1935年秋任东北抗日联军第三军第二团政治委员；11月，该团与日军激战竟日，打退敌人六次进攻。她为掩护团长突围身负重伤。在农民家养伤时被日军发现，战斗中负伤昏迷后被俘。敌人对其施以酷刑，她宁死不屈，于1936年2月被敌人杀害。临刑时高唱《红旗歌》，高呼打倒日本帝国主义，慷慨就义!

注8：《青年近卫军》。苏联作家法捷耶夫（1901—1956）在1945年发表的长篇小说，描写了卫国战争时期索拉斯诺顿城共青团地下组织的英勇斗争。

注9：《西行漫记》。1938年夏，周恩来和邓颖超在武汉会见美国著名进步记者和作家埃德加·斯诺。埃德加·斯诺是第一位冲破铜墙铁壁般的新闻封锁进入中国红色区域的美国记者。他访问延安后写下了《西行漫记》（原名《红星照耀中国》），是忠实描写中国红色区域的第一部西方人的著作。《西行漫记》真实表现了产生中国社会革命运动的基本原因及其前景，真实写出了中共领袖们的神奇远见和准确判断，真实报道了感天动地的长征和构成中国现代历史重要转折点的西安事变，尤其真实塑造了中国共产党人的英雄群像——从领袖毛泽东、周恩来，军事将领贺龙、彭德怀、徐海东、刘志丹，传奇人物董健吾、邓发，直到那群向彭德怀索要路条的少先队员，以及具有高度个人自尊的小通讯员向季邦，个个写得栩栩如生，真实感人。

注10：《白毛女》。中国第一部从秧歌剧基础上发展起来的歌剧。由延安鲁迅艺术学院集体创作，贺敬之、丁毅执笔编剧，马可、张鲁等

人作曲。1945年在延安首批演出，并多次加工修改，在解放区及新中国成立后演出。剧本取材于晋察冀边区民间传说，写恶霸地主黄世仁逼死佃户杨白劳，奸污其女喜儿，后又企图将她卖掉。喜儿逃居深山多年，头发全白，被农民传为“白毛仙姑”。八路军解放该地后斗倒地主，喜儿获得翻身。全剧以“旧社会把人变成鬼，新社会把鬼变成人”为主题，反映了在地主阶级的残酷剥削和压迫下，农民对封建势力的仇恨与反抗。音乐在民歌和戏剧基础上创造发展，具有民族风格和时代特点。

注11：《刘胡兰》。刘胡兰（1932—1947），山西文水人。女，1946年加入中国共产党。曾任区妇救会干事。1947年12月在云周西村参加土改时，被阎锡山的军队逮捕。面对敌人威胁毫无惧色，从容就义。毛泽东为她题词：“生的伟大，死的光荣。”《刘胡兰》即根剧烈士事迹而编成的革命歌剧。

注12：《日日夜夜》。苏联随军记者、诗人、作家西蒙诺夫写的苏联卫国战争小说，有中译本。以描写第二次世界大战期间苏联卫国战争为中心题材的长篇巨著，透过巴沙罗夫少尉和护士安女襄的战场爱情，体验硝烟火网短兵相接的斯大林格勒（伏尔加格勒）战斗的壮烈气氛。

注13：《钢铁是怎样炼成的》。苏联作家奥斯特洛夫斯基1935年发表的长篇小说。通过主人公保尔·柯察金的生活道路，展现了苏俄国内战争时期，乌克兰人民保卫苏维埃政权和战后建设社会主义的广阔图景，显示青年一代在斗争中的献身精神。

注14：《卓娅和舒拉的故事》。苏联作家柳·科斯莫杰米扬著，描写卓娅和舒拉热爱祖国、热爱生活、热爱生命的故事和英雄气概。当德国法西斯侵入苏联的领土时，为了保卫祖国、捍卫革命的胜利果实，卓娅（1923—1941，女）参加了由共青团员组成的敌后游击队。在一次对

敌行动时，她不幸落入敌人手中，虽经严刑拷打而坚贞不屈。临刑时，她慷慨就义。后来卓娅被追认为“苏联英雄”。卓娅的弟弟舒拉，同样也是一位苏联英雄，一位谦虚、勇敢和刚毅的青年指挥员。卓娅与舒拉的壮烈牺牲，特别是卓娅在绞刑架下的英勇就义，震动了全世界热爱和平的人民。

注15：清华大学。中国以工科为主，包括理科、文科和管理学科的综合大学。校址在北京西郊清华园。前身为清华学堂、清华学校，是1911年清政府用美国退还的庚子赔款办的一所留美预备学校。1925年起逐步改办为大学。1928年改名为国立清华大学。抗日战争时期迁往昆明，同北京大学、南开大学合并为西南联合大学。抗战胜利后1946年迁回北平复校，设文、法、理、工、农五个学院。1952年经院系调整，成为一所多科性的工科大学。1980年后又逐步发展为综合大学。2005年年初，有13个学院，即建筑学院，土木工程管理学院、机械工程学院、航天航空学院、信息科学技术学院、新闻与广播学院、经济管理学院、公共管理学院、人文社会科学学院、法学院、理学院、美术学院、医学院。另外，有五个独立的系，即电机工程与应用电子技术学系、环境科学与工程学系、材料科学与工程学系、工程物理学系、化学工程学系。全校在校学生三万二千余人，其中本科生1.37万人、研究生1.84万人。除各院系外，还办有多个研究机构，如深圳研究院、21世纪发展研究院、核能与新能源研究院等。另设有体育教研组与继续教育学院。

注16：朱自清（1898—1948）。中国散文家、诗人。字佩弦，江苏扬州人，原籍浙江绍兴。1920年毕业于北京大学。1922年发表长诗《毁灭》，后又从事散文写作。1931—1932年曾留学英国。先后执教于江苏、浙江的几所著名中学，历任清华大学、昆明西南联合大学教授，并

致力于学术研究。抗日战争结束后，积极支持学生运动。1948年8月拒绝接受美国救济粮，因贫病在北平逝世。早期诗作表现对黑暗现实的忧愤和对光明、对美的憧憬；散文风格朴素缜密，清隽沉郁，以语言洗练、文章秀丽著称。著有诗集《雪朝》（与人合作），诗文集《踪迹》，散文集《背影》《欧游杂记》《你我》《伦敦杂记》，文艺论著《诗言志辨》《论雅俗共赏》等。有《朱自清全集》行世。

注17：梁启超（1873—1929）。中国近代思想家，戊戌维新运动领袖之一。字卓如，号任公，别号饮冰室主人。广东新会人。清华校训：自强不息、厚德载物。1914年秋梁启超先生在清华作《论君子》的演讲。他引《周易》说："......周易六十四卦,言君子者凡五十三。乾坤二卦所云尤为提要钩元。乾象曰：'天行健，君子以自强不息。'坤象曰：'地势坤，君子以厚德载物。'推本乎此，君子之条件庶几近之矣。""清华学子，荟中西之鸿儒，集四方之俊秀，为师为友，相磋相磨，他年遨游海外，吸收新文明，改良我社会，促进我政治，所谓君子人者，非清华学子，行将焉属？虽然，君子之德风，小人之德草，今日之清华学子，将来即为社会之表率，语默作止，皆为国民所仿效。设或不慎坏习，惯之传行，急如暴雨，则大事偾矣。深愿及此时机，崇德修学，勉为真君子，异日出膺大任，足以挽既倒之狂澜，作中流之砥柱，则民国幸甚矣。"此后，"自强不息，厚德载物"就成了清华的校训。

注18：清华老校歌歌词。西山苍苍，东海茫茫，吾校庄严，巍然中央。东西文化，荟萃一堂，大同爰跻，祖国以光。莘莘学子来远方，莘莘学子来远方，春风化雨乐未央，行健不息须自强，自强，自强！行健不息须自强！左图右史，邺架巍峨，致知穷理，学古探微。新旧合冶，殊途同归，肴核仁义，闻道日肥。服膺守善心无违，服膺守善心无违，

海能卑下众水归，学问笃实生光辉，光辉，光辉！学问笃实生光辉！

注19：梅贻琦（1889—1958）。原清华大学校长，字月涵，1889年12月29日（阳历）生于天津。于1909年投考第一批庚款留美生被录取，在美读电机工程专业。回国后历任清华学校教员、物理系教授、教务长、留美学生监督等职。1931年被任命为清华大学校长。梅先生最可贵的是：对清华之爱，对学生之爱，对国家之爱。以至于宁愿舍弃教育部长一职而不愿离开清华。到台湾后，出任“教育部长”一职的条件就是兼任新竹清华大学的前身“清华原子科学研究所”的所长。梅先生爱清华还表现在坚持“一个清华”。只有到其去世之后，他的学生才能改台湾省清华原子科学研究所为清华大学。梅先生一直坚持清华在北京，台湾不能有清华，只能有清华的研究所。20世纪50年代，他的儿子梅祖彦欲回大陆，他说：“恐怕今生再无见面机会”，但是并没有阻挡。梅先生有宽阔的胸怀，不朽的教育思想，不菲的教育成绩。

注20：陈岱孙（1900—1997）。当代教育家、中国经济学家。福建福州人。原名陈总，1900年10月20日生于福建省闽侯县。1918年考入清华学校，1920年毕业后取得公费留美资格。1922年取得威斯康星大学文学学士学位、并获金钥匙奖。同年9月进入哈佛大学，1924年6月被授予文学硕士学位，1926年获哲学博士学位。1927年回到清华大学，先后担任清华大学经济系教授、系主任和法学院院长。新中国成立后，任华北人民政府高等教育委员会委员。高等学校院系调整后，任中央财政经济学院第一副院长和财政系教授。1953年秋，任北京大学经济系教授，1954年担任经济系主任、校务委员会委员。1956年起，担任国务院科学规划委员会委员兼经济学组副组长。1979年当选为北京大学学术委员会委员、经济学术委员会主任委员。历任北京人大代表、中国人民政治

协商会议第二、三、四、五届全国委员会委员。曾任《中国大百科全书·经济学》卷编委会副主任，《中国经济百科全书》《市场经济百科全书》主编。主要著作有《经济学说史讲义》《从古典经济学派到马克思》（1981）《政治经济学史》（主编，1981）等。有《陈岱孙文集》行世。

注21：戴世光（1908—1999）。天津市人。1931年毕业于清华大学经济系，同年进入清华大学经济学研究院、专门从事研究经济统计学。1936年在美国密执安大学数学研究院获数理统计硕士学位。1937年在美国哥伦比亚大学经济研究院研究，完成《美国人口统计预测》英文论文后，离美到英、法、德、印度等国调查实习。1938年回国后，在昆明西南联大、清华国情普查研究所做研究工作和在经济系担任统计学教学工作。1952年由清华大学调中央财经学院，1953年又调中国人民大学统计系，历任教授、人口科学研究国际协会会员、中国统计学会副会长等职。主要学术活动和著述有：20世纪40年代在统计调查的基础上，曾发表过几十篇统计调查报告和论文。20世纪40年代末，提出在中国实行“社会革命、工业革命和人口革命”的呼吁。1956—1966年，按照苏联统计理论观点写过一些论文。20世纪70年代著有《世界各国人口政策》（1976年）《战后美国人口问题》《世界人口统计简编》《资本主义国家经济统计指标基本知识》《战后法国人口问题》《半封建半殖民地中国人口问题的分析》。20世纪80年代又著有《国民收入统计方法论》《外国政府统计工作若干经验》等。

注22：马约翰（1882—1966）。中国体育学家。生于福建厦门鼓浪屿。1911年毕业于圣约翰大学。1914年应聘到北京清华学校任教，先后在清华学校、西南联大和清华大学工作了52年，曾任助教、教授、体

育部主任。1919—1920年及1925—1926年，他两次到美国斯普林菲尔德学院（春田学院）进修体育。1936年他担任中国田径队总教练，到德国参加奥林匹克运动会。在长期的体育教学实践中，他深入地研究了体育运动的规律，参考外国的经验，摒弃其不合理部分，创造出生动活泼而有力的徒手操编组的程序和方法；又根据田径、球类等项运动的特点和训练的需要，编制出各种不同内容的徒手操。1950年他发表了《我们对体育应有的认识》一文，比较全面地阐述了体育的科学基础、运动对生理的影响、技能的训练方法以及体育和生物学、心理学、哲学之间的关系。1949年和1952年，马约翰两次当选为中华全国体育总会副主席；1953年任中华人民共和国体育运动委员会委员；1954年当选为第一届全国人民代表大会代表；1956年当选为中华全国体育总会主席。

注23：《龙须沟》。中国作家老舍于1951年写的话剧，反映北京市龙须沟在新中国成立前后的变化。老舍（1899—1966）原名舒庆春，满族，字舍予，生于北京。

注24：抗美援朝战争。20世纪50年代初，中国人民组建志愿军，为援助朝鲜人民抵抗美帝国主义侵略、保卫中国安全而进行的战争。1950年6月25日，朝鲜战争爆发。6月27日美国总统杜鲁门公开宣布对朝鲜进行武装干涉，并令美国海军第7舰队侵入台湾海峡，侵占中国领土台湾。6月28日，毛泽东主席严厉谴责美帝国主义的侵略。9月15日，美军在仁川登陆，并继续向北进犯。9月28日攻占汉城（首尔），随后进抵“三八线”，并企图侵占全朝鲜。9月30日，中国政府总理周恩来向美国发出严重警告。10月初美军越过“三八线”，向中朝边境鸭绿江、图们江地区进犯；同时出动飞机轰炸中国东北边境的城镇和乡村，严重威胁中国安全。中共中央根据朝鲜政府的请求和中国人民的意愿，做出“抗美援

朝，保家卫国”的决策。并迅速组成中国人民志愿军。10月19日，中国人民志愿军在司令员兼政治委员彭德怀的率领下，开赴朝鲜战场。抗美援朝战争历时两年零九个月，分两个作战阶段。第一阶段，1950年10月25日—1951年6月10日，中朝军队以运动战为主要战争形式，实施战略反攻，连续进行了5次战役，将以美国为首的“联合国”军队、南朝鲜（韩国）军从鸭绿江边赶回到“三八线”，使对方转入战略防御，接受并开始了停战谈判。第二阶段，从1951年6月中旬至1953年7月27日战争结束，先后粉碎了敌人多次局部进攻，并向对方发动了多次战术性反击，直至战役进攻。1953年7月27日，战争双方在朝鲜停战协定上签字，抗美援朝战争结束。

注25：孙晓邨。20世纪50年代初中国舞协的舞蹈艺术家，其生平待考。

注26：张君秋（1920—1997）。中国京剧表演艺术家。工青衣。祖籍江苏丹徒。原名滕家鸣。自幼家贫，随母张秀琴在各地客串演出。后立志学艺，拜王瑶卿为师，并得到梅兰芳、尚小云、阎岚秋（九阵风）、朱桂芳等名家指导，艺事愈进，戏路更宽。先后与雷喜福、王又宸、孟小冬、马连良、谭富英等合作。1942年自组谦和社挑班。晚年谢绝舞台，以培养中、青年演员为主。张君秋扮相雍容华贵，嗓音宽亮甜润。他刻苦自励，锐意进取，积累了丰富的艺术经验。他工唱，善于吸收其他行当及曲艺、歌曲的唱腔，在旦角梅派的传统唱腔基础上，创造出大量新腔，形成了“张派”。代表剧目有《春秋配》《诗文会》《望江亭》《西厢记》《秦香莲》《赵氏孤儿》等。有《张君秋戏剧散论》行世。

注27：乌兰诺娃（1910—1998）。（GalinaUlanova）俄国芭蕾舞演

员，是苏联第一位首席芭蕾舞女舞蹈家，出生于彼得堡舞蹈家庭中，父亲是芭蕾舞导演，母亲是芭蕾舞演员。她少年时即进入舞蹈寄宿学校，很早就显示了非凡的艺术天才。因演出《吉赛儿》和《罗密欧与朱丽叶》而获奖。她获得过斯大林奖金、列宁奖金，从1951年起便是苏联人民演员，两次获得“社会主义劳动英雄”称号，文艺界称她为“俄罗斯芭蕾舞艺术的传奇明星、20世纪的芭蕾女神”。她曾三次来到新中国并曾与梅兰芳等交流艺术。

注28：土地改革运动。中国共产党领导的广大农民废除封建土地所有制，实现农民土地所有制的革命运动。旧中国的土地制度极不合理，占农村人口约90%的贫农、雇农和中农，只占有全国可耕面积的20%~30%；而占农村人口10%的地主与富农，却占有可耕地面积的70%~80%。为此，在北伐战争时期，中共就领导农民进行反对贪官污吏、土豪劣绅和反抗苛捐杂税、高租重利的斗争。抗日战争时期，为了团结抗日，曾将没收地主土地的政策改为减租减息的政策。1946年5月4日，中共中央发布关于土地问题的指示，把抗日战争时期减租减息的政策，改为没收地主土地归农民所有的政策。1947年7月至9月中共中央召开全国土地会议，制定了《中国土地法大纲》，接着在解放区掀起土地改革运动，满足了农民对土地的要求，保证了战争的胜利。1950年6月中央人民政府颁布《中华人民共和国土地改革法》，在新解放区开展土地改革运动，并确定了依靠贫农、雇农，团结中农，中立富农，有步骤地、有分别地消灭封建剥削制度，发展农业生产的正确路线。到1953年春，完成土地改革的农业人口占全国农业人口总数的90%以上，使3亿农民分得约7亿亩土地和大批生产资料，解放了农村生产力，巩固了工农联盟和人民民主专政，并为社会主义改造和社会主义建设创造了有利条件。

注29：董必武（1886—1975）。中国无产阶级革命家、法学家，中国共产党的创建人之一，中华人民共和国重要领导人之一。名贤琮，号璧伍，又名用威。1886年3月5日生于湖北黄安（今红安）县城的乡塾教师家庭，1975年4月2日卒于北京。青年时代留学日本。1911年加入中国同盟会，参加辛亥革命。1914年和1917年两次东渡日本攻读法律，从事律师工作。1920年与陈潭秋等在武汉组建共产主义小组。1921年7月，出席中国共产党第一次全国代表大会。后任中共武汉区委委员、武汉地委书记、湖北省委委员。第一次国内革命战争时期，筹建国民党湖北省党部，曾任国民党中央执行委员会候补委员。1927年后赴苏联莫斯科中山大学、列宁学院学习。1931年回国后，在江西中央革命根据地任中共中央党校校长、中共中央党务委员会书记、中华苏维埃共和国临时中央政府执行委员、最高法院院长、工农检察委员会副主任等职。1934年参加长征。到陕北后，任中共中央党校校长、陕甘宁边区政府代理主席。抗日战争时期和抗战胜利后，是中国共产党与国民党谈判的代表之一。1945年代表解放区参加旧金山联合国制宪会议。曾任中共中央南方局副书记、中共重庆工委书记、中共中央财政部部长、华北局书记、华北人民政府主席。中华人民共和国建立后，历任中央财经委员会主任，中央人民政府政务院副总理，政务院法制委员会主任，最高人民法院院长，政协第二届全国委员会副主席，中共中央监察委员会书记，中华人民共和国副主席、代主席，全国人民代表大会常务委员会副委员长等职。曾被选为中共六届中央委员，第七、八、九届中央政治局委员，第十届政治局常委。主要著作为《董必武选集》。

注30：杜润生。原名杜德，1913年生于山西省太谷县阳邑村，1936年加入中国共产党，大学文化。曾任中共中央中原局秘书长、中南局秘

书长、中央农村工作部秘书长、国务院农林办公室副主任、中国科学院秘书长。改革开放后，历任国家农委副主任、中共中央农村政策研究室主任、国务院农村发展问题研究中心主任、中共中央顾问委员会委员。他多次向中共中央建言，主张农村实行联产承包责任制（包产到户），受中共中央委托主持起草了从1982年到1986年连续五年著名的5个“中央一号文件”，对于家庭联产承包责任制在中国农村的推广和巩固起到了重大作用。目前，92岁高龄的他仍然十分关注“三农”问题，思考解决“三农”问题的根本出路和具体措施。他是我国目前最资深的农村问题专家之一。

注31：吴景超（1901—1968）。中国社会学家，安徽徽州（今歙县）人。1968年5月7日卒于北京。1915年考入清华学校，1923年赴美入明尼苏达大学就读，获学士学位。1925—1928年进入芝加哥大学，先后获硕士、博士学位。1928年回国，任金陵大学社会学系教授兼系主任。1931年任清华大学社会学系教授，并进行城市经济调查。1935年在国民政府行政院任职，1947年返回清华大学社会学系任教。1952年后长期任教于中国人民大学经济系。吴景超在其代表作《第四种国家的出路》中，提出了“发展都市以救济农村”的理论。他根据人口密度和职业两个标准将世界上的国家划分为4种，认为中国属于第四种国家，出路在于：充分利用国内资源；改良生产技术；实行公平分配；节制人口，并提倡“用机械的生产方法，去代替筋肉的生产方法”。他是中国社会学界最早研究都市社会学的代表人物之一，侧重于从经济的角度来研究社会，特别是都市社会，还探讨了理想都市等问题。著有《社会组织》《都市社会学》《社会的生物基础》《劫后灾黎》。

注32：胡绳（1918—2000）。中国哲学家、史学家。江苏苏州人。

早年就读于北京大学哲学系。1936年参加抗日救亡运动。1938年加入中国共产党。20世纪40年代任《读书月报》主编、《新华日报》编辑。中华人民共和国建立后，历任中共中央宣传部秘书长、中共中央政治研究室副主任、《红旗》杂志副总编辑、毛泽东著作编委会办公室副主任、中共中央党史研究室主任、中国社会科学院院长等职。1982年当选中共第十二届中央委员。长期从事理论、宣传工作。著有《理性与自由》《帝国主义和中国政治》《枣下论丛》《从鸦片战争到五四运动》《历史和现实》等，主编有《中国共产党的七十年》。

注33：田汉（1898—1968）。中国戏剧活动家、剧作家、诗人。原名寿昌，湖南长沙人。1916年赴日留学。1919年参加少年中国学会，1921年与郭沫若等组织创造社。次年回国于上海创办南国社，致力于以话剧演出为主的新生艺术运动。1930年任中国左翼戏剧家联盟执行委员会书记。1932年参加中国共产党，任中共上海中央局文化工作委员会委员，同时创作诗剧、歌剧和电影剧本。抗日时期参加郭沫若主持的军委政治第三厅，组织抗敌演剧队，抗敌宣传队，团结地方戏曲艺人，开展抗日宣传活动。抗日胜利后，在国统区积极投身反美、蒋的爱国民主运动，并创作了揭露国民党黑暗统治的戏剧和电影剧本。新中国成立后历任中国文联副主席、中国剧协主席、文化部戏曲改进局局长、艺术事业管理局局长等职。毕生献身于革命的文艺事业，是中国话剧的开拓者，戏曲改革运动的先驱和中国早期革命音乐、电影的组织者与领导人。有剧作和影作一百余部，作品有时代感，以强烈的革命激情和浪漫主义著称。主要有《咖啡店之一夜》《获虎之夜》《名优之死》《丽人行》《关汉卿》《文成公主》《白蛇传》《谢瑶环》等，写有大量诗词及歌词。其中经聂耳谱曲的《义勇军进行曲》，被采用为中华人民共和国国

歌，有《田汉文集》16卷行世。

注34：吕森。1928年7月生，河北任邱县人。1948年加入中国共产党，1951年毕业于清华大学电机工程系。毕业后先分配到中共华北局工作，后调到中共北京市委工作，又调回清华大学参加广西土改，任第二土改团党支部书记，土改团的秘书长、党总支委员、青年团工委书记，被评为甲等模范。1952年秋回校后，先后任系党总支书记、校党委常委，以及清华大学教务长、秘书长、电工学教授，兼任过继续教育学院院长。曾有电工学方面的多本著作和译作。

注35：刘文兰。女，1930年生于天津，原籍江苏江宁。1949年加入中国共产党。1952年毕业于燕京大学经济系。毕业前带队参加了广西土改。回校后分配在北京大学工作，先后任校党委宣传部长、北京大学分校党委书记等职。现任燕京研究院副院长、燕京大学北京校友会副会长。

注36：邕江。即郁江（郁江市西江的支流）。指在广西壮族自治区南宁市邕宁县境内的一段。

注37：南宁市。在广西壮族自治区南部、西江支流的邕江沿岸。湘桂、南防、南昆三铁路交汇于此。是广西壮族自治区人民政府和南宁地区行署驻地，辖兴宁、新城、永新、城北、江南、市郊六区和邕宁、武鸣二县。1946年置南宁市。南宁即“粤南永宁之义”。

注38：李可染（1907—1989）。中国现代画家。1907年3月26日生于江苏徐州，1989年12月5日卒于北京。出身贫寒，幼随钱食之学画，1923年进入上海美术专科学校，毕业后回乡任教。1929年考入西湖艺术院研究班，学习油画，得到林风眠的指导，后因从事进步活动而被迫辍学。抗日战争爆发后从事救亡宣传工作。1943年任教于国立艺术专科学校，1946年任教于北平艺术专科学校，并拜齐白石、黄宾虹为师。擅长画山

水、人物、牛，其山水早年受朱耷、董其昌影响，画风简约清淡。20世纪50年代中期至60年代初他又先后赴江浙、黄山、四川、广东、广西及原民主德国写生，直接对景写生、创作，走上了变革山水画的道路。其作品多取材江南与巴蜀名山大川，在表现手法上，变传统线性的笔墨结构为团块性笔墨结构，长于积墨，反复积染，浓重浑厚；他又将西洋画中的光引入山水画，创造了一种表现山林晨夕间的逆光效果，使作品具有一种朦胧迷茫、流光徘徊的特色，极富个性。他的人物多写农夫、渔夫、钟馗、仕女、牧童、士人，手法写意，笔简意浓，富有幽默感和生活情趣。李可染还长期从事中国画教育，曾任中央美术学院教授、中国画研究院院长、中国美术家协会副主席等职。著有《李可染论艺术》《李可染水墨写生集》《李可染中国画集》《李可染书画全集》等。

注39：张正宇（1904—1976）。舞台美术家、画家。江苏无锡人。20世纪20年代中随哥哥张光宇到上海，从事舞台布景、美术出版活动以及主办《三日画报》等。20世纪30年代与邵洵美合作，创办时代图书公司，出版了《时代》《时代漫画》等。之后在香港、重庆从事漫画、装潢工艺美术。1950年始任中国青年艺术剧院美术设计总顾问，参加了60余出剧目设计工作，作品充满民族气派、民间艺术趣味和装饰美。如《屈原》《文成公主》《巧媳妇》等。参加动画片《大闹天宫》及1965年全运会开幕式上大型背景的设计。他还擅长装饰美术、中国画、书法，出版了《正宇书画》等。

注40：孙宗慰（1912—1979）。江苏省常熟县人。1934年考入中央大学艺术系。1938年毕业于中央大学，并留校任教,积极加入“中央大学艺术系战地写生团”，赴前线宣传抗日，在出发前徐悲鸿曾以自己

小像赠别。1941年，由当时中央大学艺术系主任吕斯百推荐，成为张大千赴敦煌考察研究之助手。1942年返中央大学艺术系继续任教，当时徐悲鸿看到孙宗慰在大西北画的大量速写和油画作品后大为惊叹，即决意聘其为中国美术学院副研究员，同时为副研究员的还有吴作人、李瑞年等人；创作《持烟斗的自画像》，此为孙宗慰这一阶段的代表作，惜毁于文革后期。1943年，孙宗慰随徐悲鸿赴成都，并积极筹备参加在重庆举办的“中国美术学院画展”；油画作品《蒙藏妇女舞蹈》《塔尔寺庙会》，国画作品《藏族歌舞》《梵王赴会图》参加第二届全国美展，部分作品被选送出国巡回展览。1944年参加在重庆举办的“劳军美展”“西北写生画展”，引起画界轰动。1945年在重庆举办个展，徐悲鸿、傅抱石等人以专文肯定孙宗慰之艺术成就，徐悲鸿以“尊德性、道问学、致广大、尽精微、极高明、道中庸”其平生服膺之语勉励孙宗慰。1946年徐悲鸿任北平艺专校长，聘孙宗慰为副教授。1948年兼任北平师大美工系副教授，作品《流浪儿》参加由中国美术学院等联合举办的美术展览,获好评，并发表于《新艺苑》。1950年中央美术学院成立，孙宗慰任该院副教授，靳尚谊等人为其学生。1953年其作品《石景山厂工人》《钢铁厂工人》参加中华人民共和国“第一届全国美展”。1955年转任中央戏剧学院教授。1957年患病，从此健康情形一直不佳。1967—1976年，“文化大革命”期间以“反动艺术权威”被下放劳动，1979年病故。有《孙宗慰画集》（1984年）《孙宗慰画集》（2000年）行世。

注41：滑田友（1901—1986）。男，江苏人。中央美术学院教授。在江苏省立第六师范美术系毕业后回家乡任教，后到上海新华艺术专科学校学习绘画。1930—1932年参加江苏甪直唐塑罗汉修复工作。1933年

考入巴黎高等美术学校。曾任中央美术学院教授、雕塑系主任，全国城市雕塑艺术委员会委员，中国美术家协会理事。作品：《深思》获1943年巴黎春季沙龙金质奖章；《母亲》为巴黎市政府收藏；圆雕《轰炸》为法国现代美术馆收藏。1952年参加天安门广场人民英雄纪念碑浮雕创作，完成大型浮雕《五四运动》。一生有精湛著名雕塑作品数十件之多流传海内外。

注42：阳太阳。著名画家。1909年出生于桂林。1931年上海艺专毕业。1932年在上海与同仁组织“决澜社”画会，举行画展多次，提倡新式绘画。1935年入日本大学，研究各国绘画艺术。1936年油画《恋》入选国际性的日本二科美展，与马蒂斯、罗丹、戈雅等世界绘画大师的作品同场展览并一同收入画集，被誉为“中华之夸”。1937年回国，发表抗战爱国、反法西斯的绘画诗文作品。任初阳美术学院院长、教授，桂林美专、广州美专教授。新中国成立后加入中国民主促进会任中央委员。历任华南文艺学院教授、教务主任，广西艺专校长，中南美专副校长、教授，广州美院副院长，广西艺术学院院长，广西书画院院长，中国美协理事，广西美协副主席，广西文联副主席，广西政协副主席。1957年出访捷克斯洛伐克、罗马尼亚。1981年以后多次出访日本并多次举办画展，后在广州、澳门、深圳、珠海、香港等地举办画展。1993年在北京中国美术馆举办阳太阳画展受到高度评价。1995年赴台湾100天举办画展6次，被誉为大陆国宝级大画师。出版了《阳太阳画集》《阳太阳水彩画集》《阳太阳艺术文集》等，晚年号芦笛山翁，80岁后自称“画童”。

注43：张定和。1916年生。安徽省合肥市人。从小酷爱音乐美术。1935年毕业于私立上海美专图案系，后进入国立上海音专，师从黄自先

生选修作曲。新中国成立前曾任中学音乐教师、乐团抄谱员、重庆国立歌剧学校和声教师、重庆中央广播电台作曲专员、南京励志社管弦乐团作曲员、国立北平师范学院音乐理论副教授；新中国成立后曾任苏州国立社会教育学院副教授、中央戏剧学院艺术研究室研究员、中国歌剧舞剧院创作员、指挥等职。主要作品有：歌曲《嘉陵江水静静流》《满江红》《人民英雄永垂不朽》《请允许》，歌剧《打击侵略者》《槐荫记》，舞剧《和平鸽》，话剧《棠棣之花》《桃花扇》《枯木逢春》《霓虹灯下的哨兵》《文成公主》《大风歌》等的配乐。电影《十五贯》《十三陵水库畅想曲》《二度梅》《一支铅笔》等的音乐配音。他的作品具有民族性，能深刻地反映社会生活，因而深受人民群众欢迎。

注44：安娥（1905—1976）。女，原名张式沅。河北人。1925年加入中国共产党，1927—1929年在莫斯科大学学习，回国后在上海地下党机关工作，1930年参加作联音乐小组，与田汉在地下工作中建立了感情。她与任光、聂耳、冼星海合作创作了《渔光曲》《卖报歌》《打回老家去》等著名歌曲，创作了大量诗文、报告文学，成为五四运动后的女作家之一。1942年后与田汉在桂林共同生活，1948年与田汉一起进入解放区。直至1966年因“文化大革命”与田汉最后诀别，是田汉的红颜知己。因为她是唯一在革命事业、艺术、感情上都能真正理解田汉的女人，却又不把眼光仅仅局限在自己的感情世界和家庭生活里，而是胸中有祖国、有人民。她的主要著作有诗剧《高粱红了》、歌剧《战地之春》、诗集《燕赵儿女》、剧本《黄泥岗》、儿童剧《假姥姥》、《海石花》等。

注45：艾青（1910—1996）。中国诗人，原名蒋海澄，浙江金华人。1928年考入杭州国立西湖艺术学院绘画系，1929年赴法国勤工俭学

专修绘画。1932年回国，在上海参加中国左翼美术家联盟。抗日战争时期加入中华全国文艺界抗敌协会。1941年赴延安，任教于鲁迅艺术学院文学系，主编《诗刊》。1945年任华北联大文艺学院副院长，华北大学第三部副主任等职。1949年后曾任中央美术学院军代表，中国美协理事、《人民文学》副主编。1957年后先后在北大荒、新疆劳动。1979年后任中国作协副主席。其诗作努力反映民族和人民的苦难和命运，反映现实的生活和斗争，突出表现为对光明的热烈向往和讴歌，风格朴素雄浑。在诗歌理论上，主张内容和形式的统一，民族性与多样性的统一，强调诗人的时代使命感。著有诗集《大堰河》《北方》《向太阳》《归来的歌》，诗论《诗论》，长篇小说《绿洲笔记》，译有《原野与城市》。

注46：李又然（1906—1984）。原名家齐，又名罗曼则兰，慈溪观城镇人，生于上海。1921年进入上海交通银行学艺，1926年进入上海南洋高等英文专修班，后转入上海群治大学法律系。过两年留学法国巴黎大学哲学系，参加法国共产党所属中国支部，结识著名作家罗曼·罗兰。1932年回国，与组织失去联系，从事世界语研究。次年9月，担任来华访问的"世界反战大同盟"代表团副团长、法国作家保尔·瓦扬古久里的翻译。1935年加入反帝大同盟。1938年至延安，任中央军委编译处编译，兼任延安女子大学、延安大学教师。1941年加入中国共产党，次年参加延安文艺座谈会。1946年至东北解放区，历任合江省立联合中学副校长、哈尔滨大学文艺学院院长、吉林省吉北联中校长，主持筹建吉林省文联，主编《文艺周刊》《文艺月刊》等。1949年任第四野战军南下工作团政治部副主任。新中国成立后，在中央人民政府新闻总署国际新闻局从事翻译，后调中央文学研究所，曾出席第一、四次全国文代会，第四次作协代表会。1957年被错划为右派分子，后执教涿鹿师范

学院、怀来师范学院，继入商务印书馆。1979年纠错，恢复名誉。著有散文集《国际家书》（后增订改名《伟大的安慰者》）、《李又然散文集》等。

注47：《蜕变》《日出》。均为剧作家曹禺在20世纪30年代创作的话剧剧本。曹禺，原名万家宝，字小石。原籍湖北潜江，生于天津。清华大学西洋文学系毕业。是中国现代话剧大师，1935年写成《日出》；抗战期间，在重庆写了《蜕变》。

注48：陆地。1918年生，广西扶绥人。1940年毕业于延安鲁迅艺术文学院文学系。1938年参加革命工作，曾是延安鲁艺研究员，延安部队艺术学校文学教员，延安《部队生活报》特派记者、编辑，东北日报社副刊部编辑组长。担任过广西文联党组书记，全国第三、四届政协委员，全国文联第三、四届委员，广西作家协会首届主席，广西文联主席、名誉主席，中国作家协会第四届理事、第五届顾问等。1937年开始发表作品。1953年首批加入中国作家协会。陆地的长篇小说《美丽的南方》《瀑布》在全国产生过较大的影响。《瀑布》（第1部《长夜》）获全国首届少数民族文学创作长篇小说一等奖，《瀑布》（第2部《黎明》）获广西首届铜鼓文学奖头等奖。他是广西现代文学奠基人之一，是广西长篇小说的开拓者。《美丽的南方》以1952年广西土改为背景，描述了贫下中农和北京去的知识分子在土改中的心态。

注49：院系调整。即中国政府从1952年起对全国原有高等学校的院、系进行的全面调整，包括院系合并、院校增设、专业调整等，并由中央统一调配师资、校舍和设备等。

注50：罗青。中共党员，1952年时任中央财经学院副院长、其生平待考。

注51：中国人民大学。是一所以人文科学、社会科学、管理科学为主，兼有信息科学、环境科学等理工学科的综合性研究型全国重点大学。学校的前身是1937年诞生于抗日战争烽火中的陕北公学，以及后来的华北联合大学、北方大学和华北大学。1950年10月3日，以华北大学为基础的中国人民大学正式成立，成为新中国创办的第一所新型大学。著名教育家吴玉章、成仿吾、袁宝华、黄达、李文海先后担任校长，现任校长为陈雨露教授，党委书记为靳诺教授。中国人民大学师资力量雄厚，老一辈学者吴玉章、成仿吾、李维汉、范文澜、艾思奇、何思敬、何干之、胡华、尚钺、戴世光、刘铮、苗力田等为学校的学科建设、人才培养和科学研究奠定了坚实的基础。

注52：蹇风（1924—2000）。中国工业经济学家，曾用名王秉义。河北省蔚县人，汉族。教授。青年时代留学日本，后回国投身革命。1945年年初被组织上派往沦陷区做地下工作，任张家口市抗日救国会主任。1945年进入华北联合大学学习，1947年8月研究生毕业后留校任教，新中国成立后任中国人民大学工经系主任，兼任深圳大学管理系主任、教授，博士生导师，是我国工业经济学科的奠基者和开拓者之一。1978年主持编写了当时全国唯一的一部专业教材《工业管理概论》，对我国工业经济管理学科的恢复与发展起了重要作用，曾荣获全国高等院校优秀教材奖。1985年主编了《工业经济管理学》，1992年荣获国家教委颁发的全国优秀教材奖。以上两部著作，被教育部、国家教委推荐为高等财经院校的教材，累计发行量超过百万册。其他著作主要有《工业经济管理问题研究》《开放条件下比较利益研究》《90年代中国工业经济发展》《股份制的比较、探讨、展望》《工业化系列丛书》《江西铜业公司调查报告》《论工业生产率》（与人合作）等。

图书在版编目(CIP)数据

春风渡/董贻正,薛传钊著.—成都:西南财经大学出版社,2015.8
ISBN 978-7-5504-1979-7

Ⅰ.①春… Ⅱ.①董…②薛… Ⅲ.①清华大学—校史—史料
Ⅳ.①G649.281

中国版本图书馆CIP数据核字(2015)第137252号

春风渡

CHUN FENG DU

董贻正 薛传钊 著

责任编辑:王 艳
助理编辑:涂洪波
封面设计:何东琳设计工作室
责任印制:封俊川

出版发行	西南财经大学出版社(四川省成都市光华村街55号)
网　　址	http://www.bookcj.com
电子邮件	bookcj@foxmail.com
邮政编码	610074
电　　话	028-87353785　87352368
照　　排	四川胜翔数码印务设计有限公司
印　　刷	郫县犀浦印刷厂
成品尺寸	152mm×225mm
印　　张	15
字　　数	165千字
版　　次	2015年8月第1版
印　　次	2015年8月第1次印刷
书　　号	ISBN 978-7-5504-1979-7
定　　价	35.00元